生活需要仪式感

李思圆 著

山東文藝出版社

图书在版编目（CIP）数据

生活需要仪式感 / 李思圆著 . — 济南：山东文艺出版社，2017.12

ISBN 978-7-5329-5573-2

Ⅰ. ①生… Ⅱ. ①李… Ⅲ. ①生活方式—通俗读物 Ⅳ. ① C913.3-49

中国版本图书馆 CIP 数据核字（2017）第 217644 号

生活需要仪式感

李思圆 著

主管单位 山东出版传媒股份有限公司
出版发行 山东文艺出版社
社　　址 山东省济南市英雄山路 189 号
邮　　编 250002
网　　址 www.sdwypress.com

读者服务 0531-82098776（总编室）
0531-82098775（市场营销部）
电子邮箱 sdwy@sdpress.com.cn

印　　刷 天津旭非印刷有限公司
开　　本 880mm × 1230mm 1/32
印　　张 10
字　　数 175 千字
版　　次 2017 年 12 月第 1 版
印　　次 2020 年 9 月第 5 次印刷
书　　号 ISBN 978-7-5329-5573-2
定　　价 36.00 元

CONTENTS / 目录

NO.1 让每一个普通的日子，都变得有趣和值得纪念

NO.2 为每一个自己重视的瞬间，选择一个独特的仪式

NO.3 对生活的期待，让我们把日子过成想要的样子

NO.4 与世界相拥，找到属于自己的归属感和安全感

NO.5 有了仪式感，爱情才愈发甜蜜和长久

NO.6 所有仪式感，

都是对人生的加冕

序

我们为什么需要仪式感

当你打开这本书时，我又认识了一位新朋友，一位跟我一样需要仪式感的朋友。

也许有人会问：生活中的仪式感究竟是什么？也许有人会问：这样的仪式感究竟有没有必要？也许还有人说：我不知道什么是仪式感，但我觉得这对我来说，很重要……

那么，生活中的仪式感体现在哪里呢？

对于亲人，你有多久没给父母打过电话了？你有多久没夸妈妈煮的饭菜好吃了？你有多久没陪爸爸聊聊天，谈谈你的梦想、事业和未来了？

对于朋友，你有多久没关心过他们最近在干什么，有什么开心或者不开心的事了？你有多久没跟他们在路边摊吃烤串，喝冰镇啤酒，回顾往事了？

对于恋人，你有多久没送过对方礼物了？你有多久没跟对方说过简单又普通的“早安”和“晚安”了？你又有多久没跟对方说过“我爱你”了？

对于自己，你有多久没做过详细的人生规划了？你有多久没提过年少时的梦想了？你有多久没腾出一些时间和空间，让心灵回归平静了？

那么多有意思、有意义的事，我们都太久太久没做过了。对于生活，我们连一些最基本的仪式感也丢失了，从而感到迷茫、不安、焦虑、彷徨……

生活中的仪式感，不是矫情，而是一种积极向上、豁达乐观的生活态度，让人相信自己配得起更好的一切。

王小波说：“一个人只拥有此生此世是不够的，他还应该拥有诗意的世界。”

村上春树说：“如果没有这种小确幸，人生只不过像干巴巴的沙漠而已。”

《唐顿庄园》里有这样一句话：“你厌倦了格调，也就厌倦了生活。”

奥黛丽·赫本主演的经典影片《蒂凡尼的早餐》里，霍莉会穿着黑色小礼服，戴着假珠宝，在蒂凡尼精美的橱窗前，慢慢地将早餐吃完。可颂面包与热咖啡，仿佛变成盛宴。

……

这个世界，就是你自己的世界，你对世界的态度决定了你会拥有怎样的世界。

即使你面临好友的背弃，亲人的不理解，恋人的不包容，你也不能轻易掉眼泪，因为你要告诉自己，无论何时何事，你都要美美的，你要有一颗既柔软又坚韧的心。

你既可以享受最好的一切，也可以坦然面对最坏的一切。你相信自己不会因为几件伤心的事，就一蹶不振。你得意时不会忘形，失意时也不会潦倒。你知道，无论境况如何，生活都必须庄重。

仪式感，会让你在平凡又琐碎的日子里，找到诗意的生活，找到继续前进的微光，找到不愿将就的勇气。

生活要有仪式感，愿你能从这本书里找到想要的仪式感，也愿你，愿我，愿我们能在有仪式感的生活里获得幸福。

NO.1

让每一个普通的日子，
都变得有趣和值得纪念

世上有多少重要的事，
想着想着就算了

01

这两年特别流行健身，尤其让人羡慕的是，那些腿瘦、脸小、脂肪少的美女们个个都有马甲线，身材完美，无懈可击。每当看到那些偶像兼实力派美女，我总是斗志昂扬，立刻就会产生“我要锻炼”的想法，于是决定从第二天起每天慢跑5千米，做30个下蹲、40个仰卧起坐。为此，我还准备了计步器和运动护膝，各项工作都被那份热度推动并顺利地进行着。

可开始实施锻炼计划时，我却盘算着，今天还是算了吧，明天要参加一个重要的会议，今天必须保持良好的睡眠。到了第二天，想想还是算了吧，一天的工作已经让人筋疲力尽了，何必如此为难自己？

后来，在无数次“想想”的时间里，各种理由纷至沓来，于是很多重要的事，想着想着就算了。

02

两个好朋友一起报考了同一个专业技能的职称考试，两人报名时都信誓旦旦地说“今年我一定会过”。

距离考试六个月时，两人想着，反正时间还长，有的是时间复习，就把考试的事抛在了九霄云外。

距离考试三个月时，两人有点慌了，可是又一想，最近工作忙，朋友聚会也多，确实没时间看书，索性就在考试前一个月复习。

距离考试一个月时，两人已经习惯了：当纠结做与不做时，只需毫不费力地“想一想”，就可以轻易地想出困难和借口。

于是直到考试那天，两人也没真正地好好复习过。甚至其中一人都没有参加考试，理由是：打印了准考证，看了考试地点，太远了，想一想，也就算了。

有多少重要的事，总是在最艰难的起步时刻，遇到世上最大的诱惑——“想想”，于是很多事情，想着想着，也就算了。

03

一年前的世界读书日，有一个朋友在微信朋友圈立志要天天读书，大家也逐渐习惯了这样的“官方语言”。每当遇到一些特别的纪念日或节日，几乎所有人的朋友圈都有这样的人，总是要应景应时地发表一段人生誓言，可最终能兑现承诺的人少之又少。

这之后的一年，那个朋友就像消失了一样，再也不见他活跃在朋友圈里。

今年世界读书日，他发表了一条消息：“我做到了。”朋友们都惊呆了，一年前大家以为他的读书计划是说着玩儿的，可他竟然真的做到了：每天看书一小时，每周阅读一本书，每月写五篇两千字以上的读书心得。

在我们都惊讶于他为什么就能做到时，他发了一条统一回复的消息：只有两个字——行动。

他的经验是：

首先，保证精力，把所有零碎的时间都集合在一起。但凡能利用的时间，他都丝毫不放过，甚至在洗澡时，也要一边冲澡，一边用手机里的听书软件播放电子书。

其次，保持毅力，零碎时间用在哪里，效率就会在哪里。他的手机上没有任何娱乐软件，甚至连一个视频播放器都没有。他每天有三个必须：必须按时、必须保量、必须保质完成读书任务。

最后，也是最重要的：实现前面两点的执行力和行动力。一旦定下目标，就立刻行动。

世上通往成功的路有很多条，但在路上的人只有两种，一种人永远都在“想象出发”的路上，还有一种人一直都在“出发”的路上。而最后成功的人，往往是后者，因为他们勇于尝试，勇于试错，勇于在行动中去实践、去探索。

04

有很多重要的事，想着想着就算了。本来打算周末回家看望父母，想想来回路上太折腾，还是算了吧；本来打算学开车，想想每年发生那么多起交通事故，还是算了吧；本来打算联系很久不见的好友，想想他应该不希望被打扰，还是算了吧。

“本来打算……想想……还是算了吧。”成了现代人惯用的经典句式。

很多时候，我们明明已下定了决心，准备踏踏实实地干成某件事，可总是在起步时，被想象中的困难击败。我们的问题不在于没准备好、没时间、没精力、没经验，而在于总是想得太多，做得太少。如果你知道自己要去哪儿，并且已经在路上，那么全世界都会为你让路。

你并不缺少明确的目标、周密的计划和充裕的时间，你缺少的是立即行动的勇气和力量。既然目标已经定下，当你开始行动时，也就成功了一半。

“世上本没有路，走的人多了，也就成了路。”

世界上最遥远的距离是“想到”和“得到”之间的距离，因为中间隔了“做到”，千山万水。

你总要先下水，才知水深水浅；你总要先走，才知道能不能跑；你总是要先主动去爱，才能获得被爱的资格。

世上有多少重要的事，想着想着就算了。同样，世上也有多少重要的事，干着干着，也就干成了。

磨蹭着，磨蹭着，时间就这么过去了

01

芳可最近迷上了由谢霆锋主持的节目《锋味江湖之决战食神》，一期接一期地看下来，最让她嘴馋的还是一道家常菜——糖醋排骨。

昨天一下班，芳可就兴致勃勃地跑到超市，准备买一些排骨和佐料，亲自下厨做一道糖醋排骨。

可一到超市，琳琅满目的商品和新鲜可口的水果，就让她停下了脚步。这里有打折的草莓、打折的牛奶，还有打折的卤鸡翅，看着还不错，去瞅瞅吧。她这么想着，便不由自主地看看这里，瞧瞧那里。不知不觉，一个小时过去了，等到她反应过来时，排骨早就卖完了。

很多时候，我们明明知道自己要干什么，可就是一直磨蹭着，磨蹭着，看看新，尝尝鲜。一天，一月，一年，就这么毫无意义地从指缝间溜走了。

我们之所以如此磨蹭，最根本的原因在于我们不够专注。什么都想做，可什么也做不好，什么都想尝试，可到最后什么也学不会。

02

很多朋友都知道读书的重要性，平常上班确实没太多时间，于是决定每晚睡前一小时看看书。可每次翻开书时，却不知从哪里开始看，于是拿起手机，聊聊天，点点赞，抢抢红包。等玩得差不多时，却睡意渐浓，只能无奈地将书原封不动地合上。

比如练毛笔字，刚写了几个字，又不知道自己究竟想要写什么，于是忍不住去磨磨墨汁，捋捋笔须，顺便拍个照片发到朋友圈。

比如打算写工作计划，可一点儿头绪也没有，不知道重点是什么，一不小心又开始发呆、走神，想着今晚的电视剧更新到哪儿了，想着明天中午该吃什么，磨蹭着，磨蹭着，又浪费了大把时间。

我们之所以如此磨蹭，是因为计划中的目标太大。所有目标就像是一个近在咫尺，远在天涯的人生计划。

比如读书：读什么类型的书，怎么读，读到什么程度？

比如练字：临摹哪个书法家的作品，怎么练，写哪种字体，想要什么风格？

比如工作计划：重点突出什么，需要哪些数据，如何完善细节？

当你的目标太宽泛，太模糊，执行起来较为麻烦，又不知如何下手时，就特别容易转移注意力，从而偏离既定的目标。

03

很多人是不是都办了健身卡？健身房之所以那么赚钱，很大程度上是瞄准了很多人的惰性思维和拖延症。大多数人虽然办了卡，但真正去健身的次数，五个手指都能数得过来。

你有专业的指导老师，有业余时间，还有可供选择的各类运动项目，可就是三天打鱼两天晒网。

今天跳跳健美操，明天练练瑜伽，后天再举举哑铃，或者很长一段时间都不想去了。

我们之所以磨蹭，原因还在于不够坚持，没有毅力。每做一件事，总是三分钟热度。刚开始时还斗志昂扬，等新鲜劲儿一过，就被打回原形，于是又回到生活的舒适区里乖乖待着。

有时候我们感觉一天好像并没做什么事，可总是不知为什么“磨蹭着，磨蹭着，时间就这样莫名其妙地溜走了”。如何让自己避免因为磨蹭而白白浪费时间呢？

第一，提高专注力。

把精力专注在一件事上，在当下专心致志地只做一件事。要相信，你此刻想要做的事，无论是弹钢琴还是剥橙子，都是你一生中最重要的事。无论你在干什么，它都是你当前最值得关注和解决的事。

比如，你想要看一部电影，就集中精力从头看到尾，你要把看完这部电影当作最重要的事来对待。

第二，细化目标。

如果将每个大目标细化到具体的小目标里，依次从易到难，从弱到强地去执行，不仅会提高办事的效率，也会增加个人的成就感。

比如读书，你可以根据自己的实际情况设定小目标，每天读二十页，每周读完半本。然后在以后的日子里，循序渐进地增加页数，最后实现每月读四本书，每年读五十本书的大目标。

第三，培养毅力。

其实培养毅力最快捷、最简单的方法，就是在固定的时间，固定的情境，做固定的事情。

为什么上学时，一听到国歌就想到升旗仪式？一到晚上七点就知道中央电视台的《新闻联播》开始了？一听到铃声响起，就知道是上课或下课了？

比如睡前一小时，就只用来心无旁骛地读那二十页书；比如在午休时间，就只是用来观看网易公开课和TED的视频；比如早上醒来半个小时，只用来观看《人民日报》微信客户端每日推送的新闻。

培养自己对所做事情的条件反射能力，你会收获意想不到的惊喜。当你被身边的琐碎小事叨扰时，就会条件反射般意识到，这个时间点你只能做什么事，这样你就能从烦琐的小事里逃离出来。

磨蹭着，磨蹭着，一天就这么过去了，一年就这么过去了，一生就这么过去了。

可是当你挣脱这个现实生活中的强大怪圈，用心、专注、坚持做好一件事时，就会发现，从前的你和现在的你有着云泥之别。

什么才是真正有仪式感的生活

01

细数现在的微信朋友圈，五花八门的消息层出不穷。各类励志文、暖心文，虽然读起来很有趣，但读多了也会感到阅读疲劳；各类旅行照、自拍照，虽然看上去很美，但看多了也会感到审美疲劳。

不过，我的一个朋友发的任何一条朋友圈消息，我都不想错过。即便他每天都发，甚至是一样的蓝天白云，一样的花草树木，也让人有种经久耐看、特别有趣的感觉。并不是因为他的照片是最美的，而是因为透过他的照片，你可以看见很多生活里的仪式感，也会发现日常里更多的小确幸。

他发照片时很有仪式感。比如，每一次发的照片一定要有一个主题，然后用书名号标注，如《湖城黄昏》夕阳无限好……下面配上几张夕阳西下的照片，让你一看标题就懂了他想要表达的意思；比如，他的照片从来都是三张、六张或九张，让人觉得整齐有序；比如，他每次给照片配上的话，一定要应景、应时、应主题。即便是同样的照片，只要是他发出来的，那映入眼帘的效果，一定跟别人发的不一样。

常常有人认为，穿着高贵的礼服，进出高级的西餐厅，喝着好年份的红酒，才叫真正有仪式感的生活，其实平凡生活里的平凡人，也能拥有这样的生活。

有时，生活的仪式感根本就无须很多物质做基础，发个朋友圈，也能看出仪式感，也能拥有美感，让人觉得特别有趣。细碎而又普通的小事在生活里比比皆是，它同样能给人带来感动和快乐。

真正有仪式感的生活是什么？是对自己、对生活的一种用心，它让你积极、乐观地在这个功利的世界里，寻找着别样的生活之美。

02

现实生活中，很多单身男女总是将就着过自己的日子，似乎干什么都没有兴致，人前风光无限，优雅美丽，人后却蓬头垢面，一副不修边幅的颓废模样。

可我认识的一个姐姐，却始终让生活保持着一种仪式感。她今年35岁了，还是单身。有一次，我加班太晚，就到她家留宿。

来到她家后，她告诉我不要见外，想吃什么就去冰箱拿。

我原本以为她的冰箱里顶多是一些速食速冻的食品，可打开冰箱的那一瞬间，我整个人都惊呆了，只见冰箱里整齐地摆放着各类新鲜的蔬菜瓜果，最下面一层还能看见一碗蟹黄鲜菇，用泰国玫瑰和荷兰芹点缀着，极其漂亮。

我连忙问她："今晚你家有客人来吗？"她说："没有啊？这些食材都是我买来自己吃的。"

姐姐说，一个人无论再忙再累，都不能亏待自己。每天清晨，她比别人早起一个小时，到超市买来最新鲜的食材，吃完自己做的早餐，再去上班。夜晚，她要练半小时瑜伽，看半小时书才睡觉。

生活里真正的仪式感是什么？

是即便一个人时，也要对自己的生活负责，永远不懈怠，不放松，不懒惰；是即便一个人时，也要学会爱自己，也可以买一束鲜花，品一杯美酒，做一顿香甜可口的饭菜慰劳自己。一个会爱自己的人，才有能力爱别人。

03

我喜欢看书，我看书有很多讲究。古人看书前要焚香、沐浴、更衣，而我看书时，一定不能容忍自己手上留有长指甲，也不可以跷着二郎腿。而且每看完一本书，我会写读后感，摘抄印象深刻或者有用的句子。这样做除了表示对经典书籍的尊重，更多时候其实是对自己的尊重。这些讲究，不仅仅是浮于表面的仪式感，我也试过在深夜两点，在无灯的情况下，到公共厕所去看书。

其实仪式感就如你对陌生人的微笑，你以为这是对别人表示友好，其实这是你自己对自己表示友好，就跟照镜子是一样的道理，你笑，镜子里的人就会笑，你哭，镜子里的人就会哭，你如何对待生活，生活就会如何待你。

常常有读者告诉我，他们其实也很爱运动，爱看书，爱听讲座，爱做一切有意义的事。可这些习惯难免会被别人讽刺为太虚荣，或者不合群。别人邀你打牌的时候，你说要去爬山；别人在追剧，你在看书；别人在睡懒觉，你在上培训课。你的不合拍，久而久之，会让你在这些无用的社交里受到歧视甚至是嘲笑。

可什么才是真正有仪式感的生活？是让一群你不愿深交的人评价你是一个有趣的人呢，还是坚守内心的准则，过上自己喜欢的日子？答案是后者。真正的仪式感，并不是做给别人看的，也不是要让任何人都满意，任何人都称赞，而是自己清楚地知道你所做的一切都是你想要的，只有认真做自己的人，才能拥有真正有仪式感的生活。

04

仪式感，是一种对生活认真、尊重、敬畏且热爱的态度。

认真：你每次出门前一定要略施粉黛，认真检查自己的着装。你的衬衣领和袖口，永远白净清新，不留污渍。即便一个人生活，你也会认为这是对生活的一场赴约。

尊重：你会在约会迟到时，对别人礼貌地说一句对不起；你会在逢年过节的时候，回家看望老人；你会在下雨天开车路过泥泞小路时，把车开慢些，以免污水溅在行人的身上。

敬畏：你会对你的工作保持一种热忱，即便周围的同事敷衍了事，你也坚守信念。对不知道和含糊不清的事儿，你懂得探索和求知。

热爱：有自己的特长和爱好。人的内心中有一份热爱，才能在平淡的生活中找到一丝安慰和放松。

仪式感其实是一种强烈的自我暗示，这种自我暗示能够使自己的专注力、反应能力和思辨能力迅速提升。某种意义上，它是认识和理解这个世界的一种感觉。

生活中那些无趣和委屈，那些一潭死水、灰头土脸、见不到阳光的日子，其实是因为缺少了仪式感。世上总有人活得比你更艰难，更不易，但如果心中有了仪式感，就好似给干渴的生活注入了一股清泉，从此充满生机和希望。

什么才是真正有仪式感的生活？它是不辜负生命，不辜负自己，不辜负每一朵鲜花盛开的那种岁月静好的日子，并且伴有一种积极乐观的人生态度。

有你的早安和晚安，我从不感到孤单

01

我有一个朋友，每天我们都以一句“晚安，无梦，明天见”作为一天的结束。大概就是一种习惯成自然的感觉，好像有了“晚安”的日子，才是完整的一天。

我们每晚都会聊一聊，谈谈人生，谈谈理想，再谈谈生活里的烦琐小事，大到谈我写的那些“鸡汤”和“作家梦”，小到今天吃了什么，遇见了什么人、什么事，从天文地理，到家长里短，每晚无论再忙，我们总是要留些时间给这样的聊天。我们避而不谈自己最伤心的事，可是我们却以一句简单的晚安，作为对彼此的鼓励。

“晚安”两个字，是一个非常美妙的词语。似乎亲人之间，恋人之间，朋友之间，总是那么需要这两个字，作为彼此之间的纽带，传递温暖。

在所有关系里，想到一个人其实不难，难的是每天都能想着一个人，这不是每个人都能做到的，只有真正用心对一个人，才不会落下任何一次道晚安。

有时候，我们也会遇到手机快没电，或者手机没有信号这样的情况，但我们都会提前告诉对方，或者提前把晚安道给对方，绝不会忘记。

它让我们知道，友谊之花常开不败；它让我们知道，即使你在北，我在南，依旧互相牵挂。拥有晚安的人，就像吃到了最甜的糖，喝到了最烈的酒，买到了限量版的邮票。

我们是那么需要晚安。每天的晚安，它就像立秋傍晚从河对岸吹来的风，像盛夏午后你用勺子舀起的第一块西瓜，像一整晚在梦里飘散着最爱的花香。

被人惦记，互道晚安，你才感到原来你并不孤单。

02

有一个关于晚安的故事：有一天，天使来到人间，为了排解自己的无聊，他对一个女孩说，我可以实现你一个愿望，比如权利、金钱、美貌、爱情……

女孩想得很认真，天使有些害怕，如果小女孩说一些天使实现不了的愿望，天使会很没面子。但天使想，我一定要让她知道，天使有多厉害。天使做好了一切准备，而女孩的愿望却是：我想每天睡前都能听到你对我说晚安！

天使很惊讶，愿望如此简单，他有一种被大材小用的感觉。他说："好，这很容易。"天使根本就没有多想，就轻易地答应了，女孩欢喜雀跃，满心期待着愿望一天一天被实现。

刚开始的时候，天使会每天都说一句晚安，偶尔有些忙，但也不会忘记。后来，不知是从何时开始，天使开始忙自己的事情了，或许太忙了，忙到连说晚安的时间也没有了。

于是，每天晚上女孩都在等晚安，可每天都在失望中入眠。最终，天使忙到直接忘记了女孩，永远地飞走了，连同那许多亏欠的晚安一起，消失不见。小女孩终于知道，即便简单的愿望，天使都未必都能实现。

对别人说一句晚安，其实不难，但难的是你一直坚持，不是把它当成任务，而是当成生活中必不可少的仪式感。它会给你带来美好的感受，它会让你更加珍惜你想要珍惜的人。

所以一句晚安或早安，若不是心甘情愿，若不是心底真正惦记，是很难长久坚持下去的。真正的晚安，是彼此都感到舒服，甚至是感到不可或缺。有你的晚安，我感觉拥有了全世界。

03

其实一句早安和晚安，对实际生活毫无帮助。薪水不会增加，也不会少上一天班，第二天你还是要早起去挤公交，可是你的心定了下来，生活上那些琐碎的不愉快荡然无存，因为你知道，你那疲惫生活里的英雄梦想，不是你一个人来扛，不是你一个人担，会有人分享你的快乐和痛苦。

这个世界上，确实没有真正的感同身受，也没有真正对你了如指掌的人。因为孤单，产生了“知己”这种特殊的群体，而在越来越繁忙的生活里，每个人都是那么慌慌张张，忙得不可开交，成年人的友谊再也不像小时候那样，要把自己的所有思绪通通告诉知己，而是知道彼此都被对方记在心里就好。

而这样的感受，不是好久不见胡吃海喝一顿，也不是畅所欲言地聊一个通宵，而是在平凡的生活里，用一句早安、晚安，或者其他任何形式，长久地坚持下去，让我们彼此知道，无论发生任何事，都有彼此在。

毕淑敏说：“有些东西，并不是越浓越好，要恰到好处，深深的话我们浅浅地说，长长的路我们慢慢地走。”

同样，人生是那么长，也许我们不需要海誓山盟，桃园结义，歃血为盟，只需要你每天说一句早安或晚安，让我知道你从未离我而去。

卡尔维诺说过：“我对任何唾手可得、快速、出自本能、即兴、含混的事物没有信心。我相信缓慢、平和、细水长流的力量，踏实，冷静。”

同样，对于所有太热烈的感情、友谊或爱情，我们都喜欢它历久弥新，长盛不衰，这其实是可以做到的，只需每天清晨的早安，让我知道，一天的开始；只需每晚的晚安，让我知道，一天的结束。所有这些日子，若都有你的早安或晚安，我就不再羡慕任何人，也不再感到孤单。

你所有的问题都只是因为懒

01

我：“赵哥，在吗？”

赵：“什么事？”

我：“麻烦你上来帮我看看电脑，我的电脑又不能上网了。”

每一次电脑不能上网，我就习惯性地打电话给同事赵哥，不管是什么原因，也不去瞧瞧是不是路由器没打开，又或是网线松了，反正，在我的潜意识里一遇到不能上网的情况，我就找同事赵哥。而每次他上来帮我看电脑，我犯的无非都是这些很低级的错误。我总是说我学不会，每次就以不是计算机专业的这样的理由，麻烦别人。

其实，我的问题根本就不在于学不会，也不在于我对电脑一窍不通，我的问题在于懒得学，懒得麻烦自己。

02

朋友A说，她办公室有一位很烦人的同事C，年纪跟她相仿，可总是一遇上问题就找她，就跟她是114查询电话一样，什么都懂，什么都可以解决。

有一次同事C说她不会用扫描仪，让朋友A帮她扫描一个身份证。后来每次需要扫描，她都找朋友A帮忙，朋友A总说这没什么，同事间本来就应该相互帮助，再说这也不算多大的事，举手之劳。

后来朋友A工作越来越忙，于是就对同事C说："这样，我来教你吧，多学几次也就会了，其实这个很简单的。"

同事C听了就很不高兴，对朋友A说："让你帮点忙，你都这么挖苦人。算了，不找你了，多的是人会扫描。"于是就莫名其妙地不理这个帮了她将近一年的同事A了。

朋友A没有生气，而是很平静地对我说，生活中这种人真是太多了。

生活中有一种人，你初次帮他们时，他们会非常感激你，可是帮的次数多了，他们也就习以为常了，甚至觉得你本来就应该帮他们。他们并不懂一个道理：别人帮你，那是情分。不帮你，那是本分。

后来，这位同事C遇到过很多帮她的人，可是每一个都被她像对待同事A一样得罪了，也不想再帮她了。

作为一位年轻的办公室人员，不会使用扫描仪，不会打字，一点儿也不要紧，要紧的是你可以主动去学呀，只要你想学，这些办公的基础技能你总是学得会的。

如果你觉得自己比较笨拙，那就多学几次。某些单位那些一把年纪的叔叔阿姨们，不也是对很多新网络科技一点儿也不懂吗？但他们也在坚持学习。

很多时候，你并不是学不会，你只是懒惰，懒得学而已。生活和工作中，分明有很多力所能及的事情，只要识字就可以学的东西，你非要去麻烦别人，并且每次还为自己辩解。其实你并不是怕麻烦别人，你只是怕麻烦自己而已。

03

我和很多人一样，是一个名副其实的“路痴”。

有一次林姐说，她家乡的盆盆虾很好吃，她决定请朋友们一起去吃。

周五一下班，我们就从市中心出发直奔小县城。

下了高速，给我们当司机的学长问我怎么走时，我答道：“我想着有一个‘随身地图’在身边，反正不认识路就找你，所以我就没查找过路线。”

还有一次我请朋友欢姐和娅娅吃午饭，并且团购了某餐馆的套餐。快到十二点时，欢姐在微信上跟我说让我把地址发给她们。我突然又蒙了，因为我也不知道吃饭的地址在哪里。

我之所以会这么说，是有原因的。因为每次跟欢姐在一起，我从来不用操心怎么认路。因为她也是一个“随身地图”，只要有她在，我什么都可以不用操心。

那次我也是抱着我只管订餐，欢姐知道餐馆名字就一定知道地址的“初心”。

这两次乌龙事件，让我深深地反省了自己的问题。

第一，我真的找不到路吗？不会呀，即使真的是一个路痴，导航软件那么多，我完全可以提前查找好地址。再退一步说，即使真的找不到，但至少街道名称我要知道吧。

第二，我的问题源于过度依赖。每次我都有诸多借口，比如，看不懂地图，记性不好，方向感不强，等等。

在我的潜意识里，就认准了只要跟这些识路的朋友在一起，就可以什么都不管。反正有人操心。

说到底，我不是学不会，是懒得学，懒得去思考，更重要的是我宁愿麻烦别人，也不愿麻烦自己。

04

明明可以“一学就会”的事情，我们却非要麻烦别人。

明明可以“不懂就问，不懂就学”的事情，却非要任由自己什么都不懂。

当你看不懂一句英文歌词时，请不要马上去问英语过了八级的朋友，你可以先翻翻字典；当你家水龙头一直在滴水时，请不要马上打电话给物管科，你可以先检查一下阀门有没有拧紧；当你说自己不会打印文件，不会复制粘贴图片，不会用电子表格时，请不要马上就去问同事，你可以先看看他们是怎么做的。

“请不要马上……你可以……”当你遇到难题又想去麻烦别人时，请试着用一用这个句式。

只要你勤奋、主动、积极地去学习，很多事情就可以独立、轻松、漂亮地完成。

输了心态，你拿什么去拼

01

在我的求学生涯中，每年都会参加学校的运动会，报名的项目一直是女子800米。我常常被定义为那种“先发制人，后发无力型”选手。

那时候操场上有四个跑道，在比赛的前500米我都是第一，远远甩开后面的三个女生，可是每次到了最后300米，当听到跑道旁有人喊“赶快跑，后面有人快追上来了”时，就会方寸大乱，铆足劲往前冲，似乎要把所有力气都用上去，可每次都是冲了几十米之后就彻底没有力气了，最后的结果往往是以失败告终。

我的体育老师说，其实我完全是有体力和实力去争第一名的，可是我的问题在于心态不好，一知道有人快追上我了，我就特别着急，就想用尽所有力气去争“一口气”，如果我不管外界的声音，按照自己的节奏跑，成绩绝对不会差。

很多时候，我们以为自己拼的是努力和坚持，可最后往往拼的是心态。心态决定成败，你没有一个良好的心态，别人说什么你都那么在意，以至于被别人牵着鼻子走，跟着别人的步伐不断调整自己的节奏，这时候你就只是想赢这个人而不是赢在这件事上。

真正的成功者，往往都不会是一个在情绪上跟别人计较的人，人生路那么长，万万不可为了一时的意气而输了做人的底气，心态一输，你就什么都输了。

02

周哥，就职于某国企。两年前，企业内部通过竞争上岗选拔人才。周哥跟其他两位同事一起参加考试，三个人中周哥能力最强，而且三个人都通过了笔试，但最后只有周哥一个人未入围面试。

那次面试失利后，周哥依然在自己的岗位踏踏实实、兢兢业业地工作，除了工作日常的加班熬夜外，还在周末报考了与其工作相关的学业课程，常常参加相关专业技能的培训。

周哥说，虽然这次竞争上岗失利，但不代表他就不需要好好工作了。他是抱着学习的心态去竞岗，而不是为了竞岗单纯地只想要一个头衔而已。

今年单位又选拔人才，周哥是唯一没经过考试就被直接任命的人。

领导说，其实两年前周哥是完全有能力上任的，但是考虑到周哥需要在基层积累更丰富的经验，于是就决定让他再等一等。

在这两年里，周哥的表现非常出色，并没有急功近利地走后门，也没有因为之前未入选而一蹶不振，怨天尤人，而是抱着一种积极学习、努力向上的工作态度继续努力。那次面试失败没有让他灰心丧气，因为他并不是为了升职而升职，而是为了不断增加自身的价值。

那些有过几次失败经历就萎靡不振的人，说到底就是心态不好，你要知道人生中有多少种成功，就会有多少次失败。

失败一点也不可怕，可怕的是你在人生的赛道上输了自己的心态。心态一输，整个人的信心、勇气、毅力等都会被输光，试问，你还拿什么去拼？

03

人的一生其实都是在拼心态。

每一个人的成功都有自己的一套人生哲学。千万不要因为对手变换节奏而自乱阵脚，你要摆正心态，按自己的脚步和节奏循序渐进，稳扎稳打，才能取得最后的胜利。

扰乱我们心绪的往往不是别人的脚步，而是你自己的不良心态。

如果别人家境比你好，关系比你硬，条件也比你优渥，不要抱怨和气馁，你要学会沉下心来有的放矢，厚积薄发。因为无论谁先谁后，我们的目标都是赢得自己的成功，无论过程如何，只要最后你成功了，谁还会在意你当初起步时间的早晚呢？

有想要早日成功的初心并没有错，但也不要盲目从众，适合别人的路不代表就适合你，好走的路有很多，可你最爱的路却只有一条，那就是你自己的路。

愿所有努力的人都能摆正心态，按自己既定的速度、脚步和方向行进。人生路上，可以在很多事情上输很多次，因为你最后总会有机会赢回来，但你最不能输的就是心态，心态输了，你还拿什么去拼？

什么才是真正的品质生活

01

我曾经跟一个陌生的女孩子合租过一套房子，她是外地人，一个人到成都打拼非常不容易。她在一家超市当收银员，每天很晚才能回来，很多时候，她为了省钱，就以泡面充饥。可即便吃的是泡面，她也能从中找到生活的品质。

她会在泡面里加一个鸡蛋和一些番茄，面起锅时再搭配几片蔬菜叶子。一碗再普通不过的泡面，就这样被她做成了让人食欲大增的精致面。

她说，即便吃这种所谓的“垃圾食品”，也要注重色、香、味以及营养的搭配。刚开始我还在想，不就是一碗方便面嘛，还讲品质？她说，吃鸡蛋可以健脑益智、保护肝脏，吃番茄能够生津止渴、美容抗衰老，最后加一点绿色蔬菜，可以补充维生素。

其实我知道，这些都是超市里价格低廉且经常打折的食材。

可是，每当我看到她为了这次看似微不足道的晚餐，而在厨房里认真地洗菜、切菜，看到她津津有味地吃这顿“泡面盛宴”，看到她那洋溢在脸上的满足感，那种即便生活很糟糕，也要尽量给自己争取一份品质的心态，都忍不住为她竖起大拇指。

真正的品质生活，并不需要很多钱来堆砌。品质源于人的内心，源于一种积极向上、乐观自信的生活态度，源于即便生活给了你一副烂牌，可你依旧竭尽全力想把它打好的决心。品质，由心造就。

02

我经常在地铁上碰到一个背着书包的女孩。有一次，我特意关注了这个女孩，她穿着一身得体的工作服，头发扎得高高的，看起来很有精神，画了淡妆，穿了一双高度适中的高跟鞋。可这一身装束，却跟她背的类似于学生的书包有些不搭。

她背的书包有些陈旧，从脱落的线头和生了锈的拉链，还有这书包的成色，就足以看出这是一个在地摊上买的背包。可每次她一进入人潮拥挤的地铁，不管被挤成什么样子，总是从容不迫地从书包里掏出一本书，在周围的吵闹声中默默地、安静地看着书。

有一次，我特意看了一眼她正在看的书，原来是德国著名作家歌德的《浮士德》，顿时惊呆了。这本书我曾经也绞尽脑汁地看过，可实在是无法安心地看下去，也看不太懂，但这个女孩居然能不受周围人的影响，笃定而安静地看进去。

快要到站时，她随手把书放在包里，出于好奇，我瞄了一眼，那里面还有几本书，和一个透明的化妆包，脱了色的口红盖子在里面是那样显眼。

看得出来，这个女孩的生活应该是比较拮据的，但这丝毫没有影响她对内在美和外在美的追求。契诃夫就曾说：“人的一切都应该是美的，外貌、衣着、灵魂、思想。”

追求品质生活，是一个人对自我的完善和提升，即便在吵闹的环境中，也可以安静地看书，即使用质量低劣的化妆品，也不能影响一个人由内心发出的对美的追求。追求品质是自己在有限的条件下追求美好的事物与生活，并拥有自信、通达、乐观的精神。

03

我还认识一个姑娘，她总是为踮起脚尖就能触摸到的更高一级的生活而努力。

假如一支香奈儿的口红需要四百元，而她的心理价位是三百元，这个时候，她会努力工作，拿下更多的销售额和提成，再去买那支口红。她说，真正的品质是发挥自己最大的努力和能力，去追求更好的东西，包括物质享受，也包括精神享受。

她从不过度追求奢侈品，也不会一味地排斥它，因为真正奢侈的其实是人追求向上的心。奢侈品只是起到锦上添花的作用，有了它，更凸显她的精致和品质，但没有它，她也可以把日子过得风生水起。

她不仅舍得为自己的“外在美”做投资，而且会努力提升自己的“内在美”。她可以常常吃十五元一份的快餐，却舍得花五千元办一张健身卡，然后利用下班时间，周一学普拉提，周二学游泳，周三学瑜伽……日子被她过得丰富有趣。

品质生活，不仅需要你在仅有的生活资源里努力过好，还需要你不断地在物质和精神上努力去争取最好的。你没努力试着追求最好的，只能叫作知足常乐，但你若能努力向前进，那就是品质生活。

04

一个人需要追求的品质生活到底是什么？最重要的其实在于一个人对生活的态度，你既要有接受最好的一切的能力，也要有面对最坏的一切的坦然心态。

你相信自己值得拥有更好的，并为此而竭尽全力。当你面对一切不如意时，你要用安静从容且强大的内心去承受一切。

真正拥有品质生活的人，从不与别人比较，而是与自己比较，他们总是能在有限的条件下，永远呈现出一种豁达乐观的精神面貌，不断丰富自己的学识和心灵。

你的心有品质感，你的生活才会呈现出品质感。

动起来，生活会有趣很多

01

现在的我们没事就喜欢躺着，躺着看手机，躺着玩儿电脑，只需用眼睛盯着屏幕，用手滑屏。可生活的趣味和快乐，似乎就在躺着的时光里逐渐丢失了。

现代人做什么事都遵循方便、快捷、不麻烦的原则，即便足不出户，也可以吃穿不愁，衣食无忧，而且特别省事儿。快递、快餐等便捷式服务越来越多，只有你想不到的，没有市场做不到的。

不知道为什么，生活变得越来越方便，但从前的那些乐趣却消失了。

比如你可以坐在电脑前，在淘宝上买衣服，即便价格还能接受，但你再也找不到曾经跟闺密一起为了一条裙子走好几条街去砍价、去货比三家时的快乐和成就感。

比如你在手机APP上订了外卖，虽然会有专人给你送餐到家，但你再也闻不到从前自己买菜煮饭，劳神费力煮出的那顿饭的香喷喷的幸福味道了。

比如……

我们总觉得生活越来越无趣，甚至觉得没有意思。其实我们过得没有意思不是因为我们的生活越来越好，而是我们越来越懒，自己的生活方式本身就很无趣。

我们越来越依赖便捷式服务，能坐着就不站着，能躺着就不坐着，能不动就坚决不浪费一点儿力气。

02

有一个朋友，坚持跑步和骑行已经将近十年了。即便是寒冬腊月，大雪纷飞，也不能阻止他运动的脚步。他的运动方式非常多，快走、慢跑、骑行、登山、做早操。总之，他一直坚持运动，多年未变。而且这个朋友不只喜欢运动，还超级喜欢文艺，喜欢有诗意的生活。

一般喜欢文艺范儿的人或多或少都有些悲天悯人、伤秋怀古的忧郁气质。只喜欢运动的人通常没有多少浪漫细胞，而且不够细腻。

但他的生活态度却很神奇，既可以与你畅游诗海，又能有个清醒且乐观的心态来面对生活。他是个能文能武、能静能动的人。在他的世界里，运动就如他的生命一样。他经常与我分享在骑行或跑步的路上遇到的一些美好的事物：湛蓝天空上的朵朵白云，烈日骄阳下的小草，清晨微雨后的向阳花。总之，在路上的所有事物都会让他觉得生命是那样有趣。

当他运动起来的时候，就会感到自己永远朝气蓬勃，永远充满力量。

运动不仅可以改善身体状况，改善体型，还能让人在沿途的风景里感受到大自然别样的美丽，也可以锻炼一个人的毅力和韧性。运动起来乐趣无穷，你还有理由不爱运动吗?

动起来吧，当你运动的时候，就会发现，生活真的比你想象中的要有趣得多，就像这位朋友一样，在运动的时候，总会感到每一天都特别精彩，每一天都非常有趣。

03

朋友D小姐说，是旅行让她从失恋的悲痛情绪中走出来的。那是D小姐的初恋，恋爱时，她每天都觉得元气满满，生活充满了欢喜，做一件小事都感到特别带劲儿。

可自从分手之后，她似乎对任何事情都提不起兴致，整个人好像失去了对生活的激情和渴望，整日以泪洗面，郁郁寡欢。

也许针对失恋有很多缓解心情的办法，比如那句歌词“我已剪短我的发，剪断了牵挂，剪一地不被爱的分叉”，撕掉他写给你的信，扔掉他买给你的礼物。但你会发现，这些办法根本不管用。你看，男孩子失恋了，去打一场球，痛痛快快地流一次汗，就什么事都烟消云散了。

歌德曾说："人之所以爱旅行，不是为了抵达目的地，而是为了享受旅途中的种种乐趣。"

既然旅行能让人找到乐趣，那就去旅行吧。背上行囊，在路上去感受狂风暴雨，悬崖险滩。在马尔康的大草原驰骋，去"海角天涯"，在清爽透肤的海水中，听听浪花拍打海滩的声音。

临清风，对朗月，登山泛水，肆意酣歌。在天朗气清，惠风和畅的路上，仰观宇宙之大，俯察品类之盛，所以游目畅怀，足以极视听之娱。

在路途中行走，在行走中遇见更美的风景、更美的自己，你会发现，在路上的感觉真好。

凯鲁亚克的《在路上》曾这样说道："我总是不假思索地上路，因为出发的感觉真是太好了，世界突然充满了可能性。"

有时间的话，去行走吧。去旅行，去出发，你会慢慢感到，动起来，生活真的会有趣很多。不信，你试试？

除了你自己，别妄想有人能负责你的人生

01

因为自己的一篇文章被一位编辑看好，于是我被其邀请加入了一个原创作者群。进入这个群才发现，这里真是大咖云集啊。不仅有很多近年来各大微信公众号的热门作者，而且还有不少畅销书作者，个个都是精英人才，像我这种名不见经传，能拿得出手的文章没几篇的无名作者，不超过五个。

群里一直都很热闹，我一般潜水不说话，因为他们谈论的都是谁又跟出版社签合同了，谁的粉丝量超过十万了，谁的新书又加印了，等等。我除了说恭喜之外，根本就插不上话。

有一天，群里一位作者的一篇文章在许多微信公众号上火了，影视公司购买了版权，签约当下非常著名的男明星当主角，电影已经顺利地开拍了。群里除了鲜花和赞赏的表情以外，还

有不少作者在叹息：你们都成功了，那我怎么办？于是有一部分人开始蠢蠢欲动，说要主动退群，没有脸面在这个群里继续待下去了。

当然，每次看到别人成功的时候，有这样的想法是人之常情。但是，你只看到别人头顶上的皇冠，却不知道为了这顶皇冠他们承受了多少压力，也不知道他们经历了多少苦难才得来今天的成就。别人成功了，不代表你就失败了呀，你只是还奋斗在成功的路上，还未抵达而已！

多数还在奋斗中的人，常常羡慕别人那些看似天上掉馅饼的成功，可是世上哪有一飞冲天的成功，即使有，如果没有自身实力作为坚实的基础，也只能是昙花一现，而这样的结果一定不是你想要的。所以当看见别人成功时，不要着急且迷茫地问自己该怎么办，你只管踏实、认真地走好自己的路，其他的交给时间。

02

《最棒的玉米》应该是大家比较熟知的寓言故事了。故事讲的是，从前有一个老婆婆在屋后种了一大片玉米，眼看着收获的日子一天天接近了。玉米地里的那个最大的、颗粒最饱满的玉米高兴地说："收获那天，老婆婆一定先摘我，因为我是今年长得最好的玉米。"可是一连几日，老婆婆都没将它摘走，反而摘走了它身边的玉米，于是它很绝望，也很悲痛，甚至想自行了断，在这个暴风骤雨的凄凉夜晚，永远消失算了。可是当它正伤心绝望时，老婆婆来到了它的跟前，自言自语道：这可是今年最好的玉米，拿它做种子，明年的玉米一定比今年长得好！

先相信自己，然后别人才会相信你。首先你要想做那颗最棒的玉米，并努力把自己塑造成这样的玉米。无论遇到什么情况，我们都不要怀疑自己的能力。一个人如果不相信自己，还能指望谁相信呢？

当我们看到别人成功时，总是要焦急且慌张地问自己：怎么办？

别人都买房买车了，就我还寄居在异乡的屋檐下，怎么办？别人都升职加薪，就我还是一个小职员，怎么办？别人都获得了建筑师资格证书，我连一科都没进展，怎么办？

我们常常说出这三个字，并不是抱着向优秀的人学习的心态，而是一种着急、浮躁、功利的心态。

你之所以没有成功，或许是因为阅历、经验、火候不足，你可以从别人的成功里发现自己的不足之处并加以改正，但请不要一看见别人成功，就马上盲目地怀疑自己的能力！

03

我有一个朋友正在考注册会计师，她参加了一个培训班，那里聚集了很多优秀的考生。培训班里曾有一个非常厉害的美女学霸，一般人需要五年才能考过所有科目，她只用了三年就全部通过了。

每次培训老师讲起她时，周围的考生都投以羡慕的眼光，也有一些考生则流露出不服气的表情，问自己“为什么她能考过，我就不能考过”，或者认为“她只是碰巧运气好而已”。

而我的这位朋友，每次当老师给她讲这些成功案例时，她总是着重听取别人是如何复习的，如何合理地安排时间，等等，而不是发一些无谓的牢骚、羡慕别人考上了注册会计师能带来多大的收益。

当看到别人成功时，你更多的是需要汲取他人成功的经验，多问问自己，别人是怎么做到的。然后根据自己的实际情况取长补短，择善而从，而不是一看见别人的成功，就空洞且抽象地问自己该怎么办。

别人都成功了，那你怎么办？愿你已经找到了答案。

下班后的生活，决定了你的一生

01

常常有人问我是不是自由职业者，我说不是，他们就会很惊讶地再次问我，那你怎么有那么多时间和精力每天更文、看书、做笔记？

每次我的回答都是，因为热爱。但后来我就直接改为精力比较旺盛，总感觉用不完，然后大家都以为我真的是超人。

看看你周围的人，似乎他们每天的精力都被工作时间和工作性质死死地固定住了。

比如你是一个家庭主妇，你的精力就花在陪孩子玩儿的时间上，孩子醒着的时候你再困再累也得有精力，孩子睡着后你的精力似乎立刻就用完了。

比如你是一个白领，你的精力就只能持续八小时，虽然有时你也很闲，但一到下班时间你仍然会感到疲惫不堪。

比如你是一个货车司机，衡量精力的多少永远不是你一天能来回跑多少千米，而是老板给你安排了几趟运货任务。

总之，完成了每天该做的事情后，你就总感觉没了精力。所以，我们总是对那些在八小时以外还有精力做其他事的人充满好奇，为什么他们就是有用不完的精力？

02

我有一个朋友，坚持每天早起运动，跑步健身，然后会把沿途的风景拍照发到朋友圈。每次我除了点赞还会在心里告诉自己，我要是有这个时间和精力也去跑步。而这句话不知道在心里说了多少遍。

我没有精力的理由是，正常情况下我每天睡觉的时间只有六个小时，还有四个小时花在上下班途中，再上八个小时班，一天二十四个小时就只剩下六个小时的自由时间，这还没有剔除日常生活所花费的时间，所以我总是认为每天睡觉的时间都靠挤，哪还有时间去跑步啊？

当有一天我知道他也是每天早起骑车去上班，而且每周只有单休时，我立刻就决定周末早起晨跑试一试。

第一个周末，我把闹钟设置好了，可是到了时间却因为实在太困，本准备就这么算了，但还是硬着头皮起床，简单洗漱后就出了门。毕竟自己说过的话要算话。刚开始的几百米，我无精打采地跑着，困得眼睛都快睁不开了，可是跑着跑着，全身越来越有劲儿。由于过于兴奋，运动强度过大，全身肌肉酸痛，足足痛了好几天，尤其是下楼梯的时候，那感觉更是“销魂”。

再后来，我每个周末都会坚持跑步，在跑步的过程中，我发现只需要早起一小时，就可以看到更多的风景，而且越跑越有力量，跑完步以后回家冲个澡，感觉整个人都是清爽的，充满活力的。

当你感到自己精力不足，浑浑噩噩又是一天的时候，也许你真应该放下手机，关掉电脑，去跑跑步、散散步。精力不足，很多时候只是你躺着太久，舒服生活过得太久，不愿意动起来，只要你开始行动，去做更多有益身心的事情和运动，你就会拥有更多的精力。

03

有一个朋友，她是做文案工作的，每天要跟大量的文字打交道，通常做文字工作的人都极其讲究细致和咬文嚼字，不容有半点马虎。她说，下班后她绝不会开电脑，因为每天处理的文字实在太多，而这样的工作太消耗精力了。

可下班后，她脸上根本没有过多的疲惫，还能回家继续做手工。朋友是个很细腻的女生，她最喜欢做手工，各种手工DIY她都非常在行。她常常把自己在零碎时间和休息时间做的手工牛皮包、手工剪纸、手工饼干等送给周围的朋友和同事，也常常在这些给予中得到更多的快乐和成就感。

当所有人都惊讶于她怎么在八小时外总有用不完的时间和精力时，她说：“有兴趣爱好并为之实践的人，总是不缺少精力的。”

除了工作和日常生活外，我们还有一种精神上的寄托，就是所谓的兴趣爱好。有了兴趣爱好，你的生活就有了动力。无论你的爱好是寄情于山水，还是隐于市，又或是心里想着诗和远方，一旦拥有精神的食粮，一个人的心不会有饥饿感，身体自然会充满无限的力量。

04

以前的人，因为劳动时间比较长，总说身体很累。而如今，我们常听到的一个词语“心累”。看到很多随时把心累这个词挂在嘴边的小青年，着实让人唏嘘。

人的身体可以累，但心一累就会感到力不从心，以至于干什么都提不起劲儿。

我有一个朋友，她也经常向我诉苦说心累，我问她为什么，她又说不出缘由，反正就感觉每天的生活很没意思。我的结论就是她太闲了，太无聊了，所以会心累。我让她去健身，去读书，或去重拾她爱了多年的跳舞。

可她说：“哪有精力啊？每天都忙啊忙，上班忙，下班也忙。”可我发现她所谓的忙完全是可以调整的，比如：明明可以在上班时间提高效率、专注做工作，她偏要逛淘宝、刷微博、聊天；明明下班可以腾出时间学舞蹈、学乐器、学游泳，可是她却说没精力。

没精力和心累，这两者是相互作用的，当一个人敢于去尝试新鲜的事物，敢于挑战自己，敢于从头学起、从头做起的时候，心自然就会被这些满满的正能量所带动，哪还容得下“累”字。也许你会因为这些事情消耗体力，但是它们绝不会让你心累，反而会让你觉得充实且感到轻松。人一旦有精气神、有动力、有方向，自然而然会变得精力十足。

05

为什么八小时之外别人还有用不完的时间和精力？因为普通人只是想着如何度过时间，从而消耗精力，而有才能的人是想着如何利用时间，然后积蓄更多的精力。

每个人的一天都由二十四个小时组成，而人与人之间的差别，就在于你在八小时之外是利用好还是浪费掉了你的时间和精力。

你所谓的努力，只是把准备当成了开始

01

我有一个朋友，她最大的爱好就是看书。她随便列举一下家里藏书的书目，都会让你瞠目结舌。于是我们以此判断她应该学富五车，博览群书，也由衷地佩服她。

有一次我到她家玩儿，刚进门就看见整个客厅的橱柜里全是书，书房更不用说了。

我特别兴奋地随手翻了翻她的书，可翻开一看，怎么都是新的，丝毫没有翻阅的痕迹？于是我又看了其他书，大多数根本连包装都没拆开。

当我问她时，她自豪地说，这些书买回来，以后有了时间迟早会看的。似乎她买了多少本书，就代表她就已经看了多少本。

你买一本书，尽管还没看，但你觉得已经拥有了其中的知识。

02

中午看见同事刘哥在网上帮他女朋友买瑜伽垫，于是我说：“你女朋友真有毅力，这短短一个月就买了三个垫子了。”刘哥回道，他女朋友根本就没有用过那两个垫子。于是我很好奇，没用过，那为什么还要重复买啊？

刘哥说，他女朋友听瑜伽老师说，要利用一切零碎时间练习，于是就准备在家里、办公室各放一个垫子，方便随时都能使用。

可结果是，刘哥买了那么多垫子，她女朋友一个也没用。它们唯一的作用就是，让女朋友心安。因为她觉得，一件事情，一旦做好了准备，就代表她已经开始做这件事情，她不会有负罪感，至少准备也代表了行动啊。

你会不会曾经制定一个计划，但你一直没有实施，只是享受那几天准备过程中的快乐？

03

很多人其实都有这样自欺欺人的思维：

比如有人总会在床头放着那么一两本书，即使不看，也会觉得放在那儿好过家里没一本书。

比如你在图书馆玩手机，你只要在桌上放上复习题，即便一直没看，也总会安慰自己，我其实还是挺认真的。

比如你给自己买一台电子秤，即便根本就不用，也总感觉自己每天都在称重，已达到控制体重的目的了。

我们总是想在开始做一件事之前有万全准备，有时候你会发现，你准备的过程远比你开始那一刻更难，但你很享受准备的过程。因为这至少说明你为这个事情的开始而努力，所以你就误把准备当成了开始，却放任自己一直在准备的状态里永远不出发。

04

公司的培训老师专门给我们上了一堂女性礼仪课。对我们有几点要求：第一，每天画淡妆出门，既美化自己，也是对别人的尊重。第二，夏季上班不宜穿露脚趾的鞋子。第三，每天中午养成刷牙的习惯。

下课后，大家就开始兴高采烈地讨论要买什么品牌和什么类别的化妆品。可任姐中午吃了饭，就立即去卫生间刷了牙，午休后立即借用了我的口红和睫毛膏，将嘴唇涂上淡淡的红色，把睫毛涂得又密又长，又把上午穿得高跟凉鞋换下，穿上行李箱里唯一不露脚趾的鞋。

当你正有兴趣去干某件事的时候，如果你都没有因为当时的激情而立即行动，只是停留在准备的过程中，那这件事情多半是干不成的。比如这次课程，即便培训老师讲得再好，但培训结束后，也未必会有什么效果。

更多的人也只是把一些好的习惯抄写在笔记本上而不会真正纠正自己曾经的坏习惯，他们大不了去买一些开始某项计划所需要的东西，但并不会真的去实施计划。

05

心理专家曾经统计过，一个人谈到第三次恋爱最容易结婚，谈到五次以上，结婚的概率会降低。

如果两个人，在准备结婚的过程中消耗了太多的时间，准备买房买车，升职加薪，即便最后你获得了这些物质上的满足，获得了你所谓的结婚必需的现实条件，到时候，你反而失去了结婚的兴致，甚至因为其他原因，而最终分手。

06

不知道你有没有发现一个问题，当一个人要做某件事的时候，他总是对这件事的前置条件特别在意。

比如，年轻时总想着等自己有了经验和能力再跳槽，可你在一个自己不喜欢也没有前途的工作岗位上，一准备就是好几年，甚至十几年，到了最后根本就没有了跳槽的勇气。

比如，你想着等自己有了钱，一定要好好孝顺父母，可即便你一直在做准备，你也根本不知道什么才叫真正的有钱。也许等到父母长别于世的时候，你才发现，原来他们在乎的不是你的钱，而是你的用心和体贴。

比如，你总想着等你有了假期，就开车出去旅行，可每次你早早地准备好了度假用的帐篷、沙滩裙和防晒衣，但最后依然没有行动。

我们一直在准备的过程中，从未想过真正的开始，而且准备的时间久了以后，就误以为自己其实已经开始了。于是很多想要做的事，还没有开始，从头至尾就一直在准备的阶段。

没有谁知道真正的开始需要多么精细和万全的准备，但最好的准备就是从此刻开始。

也许你会因为前期的准备时间不充分，觉得达不到目标。但误把自己的准备当成开始的人，一辈子也不会成功，因为即便准备得再完美，没有开始，一切也皆为空谈。

NO.2

为每一个自己重视的瞬间，选择一个独特的仪式

梦想，不去实现，终究只是梦想

01

我问：“你的梦想是什么？”

你答：“别逗我了，你知道我文化水平不高，这么高大上的话题就不要找我聊了吧。”

说起梦想两个字，很多人都会感到可笑。很多人不敢提它，因为提到这个高冷的词语，一来它会在你和你周围的人当中建立起无形的隔阂，二来你总是聊梦想，别人会觉得你太虚伪。

梦想究竟是什么？很多人的脑海里能想起的也许是人类首次登月成功；也许是马丁·路德·金的《我有一个梦想》；又或者是奥巴马成为美国历史上第一位非洲裔总统。而你所能想到的梦想中，几乎没有一个是你自己的。

02

我在朋友圈发了一条“心情”，内容是这样的：“人生的第一个梦想，如果从现在开始，我足够努力，足够用心，足够相信自己，一定会顺利实现。感谢我的伯乐，即使梦想的光很弱很弱，但只要还有一点希望，我一定竭尽全力，不负所望。”配的图片就是我的微信头像——民国才女林徽因的照片。

消息发出不到五分钟，所有的评论几乎都是“你升职了？恭喜你”这类话。甚至有些还是我最要好的朋友写的，我的内心瞬间感到很失落，于是立马删除了这条消息。

如果在普通朋友心中我的梦想就是升职加薪，我倒是不意外。意外的是就连最了解我的人，当我鼓起勇气向他们聊起我的梦想时，他们居然没一个人能想到我的梦想与写作有关，而我曾无数次向他们提过我的梦想是写作。

小时候，我们拥有好多好多梦想，梦想当科学家、宇航员、作家、画家、舞蹈家……长大后，我们似乎没了梦想，即便聊起它，也只能想到升职加薪、中头彩、发大财等跟物质密切关联的事。

不是你不懂梦想可以有很多种定义，也不是你不懂梦想不一定都跟地位和金钱有关，而是残酷的现实早已让你将梦想的定位缩小在苟且的生活里。梦想就在那些坐公交、挤地铁、打麻将、买彩票的岁月里，慢慢变得狭隘起来。

03

朋友C君，此前为某银行的普通职工，在这家银行摸爬滚打了将近六年，在三十而立的年纪，终于从前台柜员做到普通秘书，又到行长身边的一级秘书，再到部门主任，实现了完美的三级跳，而且这次提拔明显只是一个暂时的跳板，可以想象，他的前途一片光明。

得知了这个好消息后，我首先是发自内心地恭喜他，同时也想从他身上得到一些励志的素材和学习经验。于是在他私下请客吃饭时，我就问他："你是如何一步一步实现你的梦想的？"可C君连忙客气道："我哪儿有什么梦想，我不过就是运气好，被领导赏识了而已。我这人真没什么梦想，就是想让我的家人能过更宽裕的日子而已。"最后他一再反驳我，只是一次小小的升职，提到梦想真的是无地自容。

想要让家人能过更宽裕的日子就是梦想呀，梦想并不仅仅是精神世界的专属品。其实很多人都拥有梦想，也一直在为实现它而努力，可是即便当你实现了它，也丝毫不会想到你目前所实现的每一个人生小目标，就是梦想的缩写。

04

梦想重要吗？

对这个现实的社会而言，梦想是一件奢侈品。忙忙碌碌的人生已经够折腾了，哪儿还有时间和精力去做一些徒劳无功或本身就希望渺茫的事情，弄不好还得赔上自己现在拥有的一切。你想开一家书店，你想要去一趟西藏，你想要出一张唱片，你想要……这些梦想，都成了天方夜谭。

梦想不能立马折现当饭吃，因为它不太踏实，没有大米粮油来得具体和实在，但大米粮油无论如何也填不满我们的精神世界。

05

留三分钟，给梦想。

也许你可以每天花点时间给梦想，不需要多，只要三分钟。不是有个说法叫“三分钟热度”吗？我们就把这三分钟作为行动的时间限值，想一想你究竟有没有梦想。

在这三分钟时间里，你可以做以下事情：

一、深度思考你的梦想是什么。

安静下来，在一个夜深人静、独处的时间，想一想生命中是不是还有一些未来得及实现的梦想，还能够激起你对生活的那一点点激情和热爱。

二、拓宽梦想的广度和深度。

你不必压抑自己、束缚自己，在这三分钟时间里，你需要彻底地清空自己，完全由自己的主观意识出发，不要去想实现它所需要的条件和实力，你就只是从心出发，你想要实现什么梦想？什么梦都可以想，什么梦都可以做。

三、勇敢说出你的梦想。

用三分钟时间，大胆地说出你的梦想，看看你还有没有激情想要去实现它，如果你还有一点点激情，那人生都还有救。

四、找到梦想存在的意义。

找到你想要实现的梦想的价值，即便在追梦的过程中你没获得成功，但你可以赚经历，没有经历你还可以赚心态，如果什么都没赚到，你就权当赚到了一个试一试的机会。

每天三分钟，或许真的微不足道，也许它不能把你从一个严重拖延的人变为一个执行力极强的人，但这三分钟最大的意义在于，你还愿意去尝试给梦想时间，这就证明你其实本就已拥有了梦想。

你的“梦想三分钟”，开始了吗？

趁年轻，去经历你想经历的一切

01

我有一个表姐，三十岁左右，每天的生活就是上班、带孩子、看电视剧。她常常给我打来电话，让我过去玩儿。但我每次到她家都要灌“鸡汤”给她，表面上她有一点儿不乐意，她会打趣地做个甘拜下风的姿势，双手握拳，对我说：“我求求你了，小妹，不要说了。”

可即便她不喜欢听我讲的那些打鸡血的话，但每次我都能从她拒绝的眼神中看出那一丝对生活的憧憬。

表姐想辞职去做生意，她从小就特别喜欢经商。但是又怕做不好，到时候既丢了稳定的工作，又没有一个可靠的生活来源，所以一直很纠结。

也许表姐选择了经商，会遇上一段瓶颈期，会更加辛苦和劳累，但是如果不去尝试，不去突破，她的人生也就只能浪费在自己不喜欢的工作和生活里，即便拿到了一份稳定的收入，生活也过得平淡无味。

任何时候，只要你足够用心，踏实做事，勤奋努力，生活绝不会亏待你。也许你会暂时地脱离“稳定期”，但只要你熬过去，同样可以在新的领域扬帆起航。

大多数人不愿意去尝试，去冒险，去经历他们想要经历的人生，不过是因为瞻前顾后，畏首畏尾的矛盾心理在作祟。

每一种选择，每一种经历，都会让你得到些什么，然后再失去些什么。关键要看你最愿意得到些什么。

02

肖姐是个典型的追求丁克式家庭的女性，她大学时的专业是学前教育，也非常喜欢孩子，却在结婚前跟老公签订了婚前协议，不生孩子。

她的问题不是身体原因，也不是经济压力大，而是她害怕。

她说，周围的朋友生了小孩后，所有的精力都放在了孩子身上，孩子有个小病小痛、跌打损伤之类的，整个人都会憔悴不堪。当孩子还小的时候，你会担心他的健康状况；当孩子到了上学的年纪，你又担心他的学习成绩；当孩子长大后，你还会担心他的工作和婚嫁问题。等到孩子成家立业后，他就会慢慢地离开你。

肖姐说，她害怕带孩子的一切困难和问题，而且孩子长大后就会离开她。她害怕那种失去的感觉，所以宁愿选择不去经历。

可是人生就是一场经历，你不能因为害怕失去，害怕困难就逃避它，甚至拒绝它。你拒绝了这些“担心和害怕”，也拒绝了当这个世界最伟大的人——母亲。

人的一生注定是一场人来人往，走走停停，逐渐得到又逐渐失去的过程。只有经过了这个过程，有了这个经历，你的人生才算完整。

完整的人生不是完美的人生，不是无牵无挂的人生，而是历经世事，依旧拿得起放得下的一场经历。

03

路遥先生曾说：“生活不能等待别人来安排，要自己去争取与奋斗！”既不懈地追求生活，又不奢望生活给予过多的报酬和宠爱，而是理智而清醒地面对现实。

我在一个诗歌交流群里认识了一个爱写诗的文艺爱好者，群里的人都亲切地称他为“诗人伯伯”。他提前五年退休，一直在家写诗，并且决定余生都用来写诗。看年纪，这位伯伯大概有六十多岁，却依然坚持每天写一首诗，而且为了找到写诗的灵感，他常常是半夜写好，发在群里跟大家分享。

虽然他的诗至今没有很高的点击率和阅读量，也没有太好的平台帮他的诗做宣传，但他依旧在这条路上无怨无悔地奋斗着。一个上了年纪的老人都还有勇气做出重新出发的决定，年轻人还有什么理由不去做自己想做的事，不去努力实现自己的梦想呢?

去过你想过的生活，去选择你想选择的工作，去爱你想爱的人，趁年轻，去经历你想经历的一切。

也许当你努力之后，依旧不成功。但是经历原本就是一种财富，是另一种意义上的成功。

04

我身边有很多优秀的女孩子到了适婚的年纪，明明就有很喜欢的人，但由于害怕，害怕异地恋太辛苦，害怕对方家庭条件不好，害怕无力跟他在一起共创美好未来，害怕太爱对方会受到伤害……而不敢去爱。

生活真的不会因为你害怕就不让你去经历，也许你可以逃避，但逃避了最想爱的那个人，逃避了最想跟那个人在一起的时光，逃避了最想过的人生，生活的乐趣就减少了一大半。

不要害怕，要勇敢地去追求、去争取、去经历。

美国作家米奇·阿尔博姆说:“你害怕痛苦，害怕悲伤，害怕爱必须承受的感情伤害。可你一旦投入进去，沉浸在感情的汪洋里，你就能充分地体验它，知道什么是痛苦，什么是悲伤。只有到那时你才能说，好吧，我已经经历了这份感情，我已经认识了这份感情，现在我需要超脱它。”

05

趁还有力气，去踢你爱踢的足球；趁还有活力，去跳你爱跳的舞蹈；趁还有勇气，去牵你喜欢的女孩儿的手；趁年轻，去实现你的梦想，去走你想走的路，过你想过的人生。

年轻人不是指年龄不大的人，而是指乐观的、为生命而活且勇于挑战的人。你可以永远年轻，永远做一个年轻人，只要你对生活还抱有激情和渴望。

趁年轻，我们就该去经历我们想经历的一切。

所谓的迷茫，都源于想太多

01

有一个朋友说，她最近很迷茫。

在公司工作了几年，工作成绩是有的，但不是很明显；周围朋友很多，但没有一个能掏心窝的；日子过得还不错，但总感觉没多少热情和憧憬。

于是，她总在独处的时候想着这些困惑。她开始怀疑自己的人生，觉得无所适从，很像一艘在海上航行却没有掌舵者的帆船。

这样的状态，很多人，尤其是年轻人，都经历过。看不到自己的未来在哪里，想要去追求自己的梦想，但又不知道怎么起步。

想要努力挣脱现实的束缚，可又感觉像做了一场噩梦，找不到梦醒来的出口。

其实那位朋友，工作成绩之所以不明显，是因为她本来就没工作几年，自己的积累和能力还不够。她的朋友虽然很多，但大部分都是刚认识不久，还没有深入了解。日子虽过得平淡无奇，但她每天都有进步。

其实生活的坑，都是自己挖的，迷茫也是。

我们总是在刚起步时，就想着终点在哪里；总是在刚学习一项技能时，就力求攻克技术难题；总是在与人初次见面之后，就想推心置腹；总是在今天都没过好时，就想着明天该怎么办。

其实所谓的迷茫，很多时候都是源于我们想得太多了。路要一步一步走，饭要一口一口吃，想得太多，就会感到迷茫和焦虑。

02

这是一个兵营里的读者跟我分享的故事。

小丁年龄很小，读书成绩不好，家境也不宽裕，于是被家里人送去当了兵。

入伍后他一点也不适应，觉得部队的生活除了学习就是训练，太单调枯燥了。他思前想后，感到自己找不到人生的意义在哪里，或者说不知道当兵究竟有何用，每天就这样想着想着，越想越觉得人活着没意思。

当兵期间他多次想要不辞而别，但都没成功，于是他在某天夜里喝了一瓶红花油，被发现后送往医院洗胃。后来通过骨干干部的谈心，他渐渐转变了态度。他不再没日没夜地想着当兵能有什么意义、有什么价值这类连活了一百岁的老人也无法给出标准答案的问题。

他首先在笔记本上写下给自己设立的多个小目标，然后就将这些目标一个接一个完成。这期间，他依然有迷茫的时候，但他不允许自己想太多，而是一边努力，一边享受学习的乐趣。同时，他根据团里所需的人才标准，不断调整自己的目标和计划。

空闲时间，他读书、跑步、游泳。这样过了大概一年左右，他取得了焊工认证等级证书，并在团军事训练尖子比武中夺得单杠、射击和五千米越野等几项第一。

所谓的迷茫，大多数时候都是因为你想得太多。

如果你在迷茫期，不知道自己未来的路在哪里，也不知道自己该怎么继续走下去，那你真应该在每个阶段定一个切实可行的目标。“走一步，算一步，过一天，算一天。”这句话是很多老年人常说的，但它不是消极的人生观，也不是让你对生活有所懈怠，而是让你不要对生活抱有任何不切实际的幻想。想得太多，反而会拖住你前行的脚步。

你只有过好了当下，才有资格谈未来，你也只有放下你那些执念，才能真正走出迷茫期。

03

前几天有个读者给我留言，她是一个大二的学生，她很想毕业以后开家咖啡馆，可是父母不同意，因为他们觉得咖啡馆里有很多不正当的男女关系，所以硬逼着她考公务员，然后毕业就结婚生子。

可这个妹妹说她不想一辈子只做个打工妹，她要开一家咖啡馆，然后读书写字，认识很多精神上志同道合的来自五湖四海的朋友。为此，她很迷茫，很痛苦。她每天都在反复想着两个矛盾的问题：如果本着自己的初心，很可能得不到父母的理解和支持，甚至同他们决裂；如果顺着父母的意思，毕业就回家考公务员，这又不符合她的性格和梦想。

人总是会陷入这样两难的境地而不能自拔，然后越想越不对劲，感觉怎么做都是错的，怎么做都找不到正确的那条路在哪里。

可她并没有一直陷入这个漩涡，她说，她的问题不是迷茫，是想太多了，她要立刻行动起来。

于是她准备放下一切纠结和不安，要用行动向父母证明她的坚持，而且要在他们的支持下，光明正大地开咖啡馆。

她开始在寒暑假抓紧一切时间勤工俭学，这是她为将来开咖啡馆筹措的第一笔资金。为了得到开咖啡馆的经验，她在周末到各类咖啡馆里实习打工，她还将发生在咖啡馆里的很多温馨感人的故事写下来，并且开办了一个自己的主播平台，与更多的人分享这份温暖和感动。

她告诉我，当她行动起来后，发现自己的迷茫其实已经在身体力行中逐渐消失了，虽然前路依然坎坷，但是她坚信自己能走出一条康庄大道。

所谓的迷茫，就是想得太多，让我们失去了行动的勇气。成功不是靠想就能想出来的，同时也不是靠想就能走出迷茫的。

你必须行动，只有动起来，才能准确无误地向着梦想狂奔而去。

04

第一，走出迷茫，你需行动起来。

其实想象中的困难，远比行动中产生的困难更让人痛苦。

当你感到前途未卜时，可以试着去应聘自己喜欢的工作，试着去做自己想要做的事，去见自己想见的人，你会发现迷茫不过就是你想太多而不去行动的缘故。

第二，立足当下，你需安于寂寞。

其实很多人，并不是迷茫，而是努力一段时间后没看到成效，就开始想太多。

想那么多干什么？成功不是立刻就能看到效果的，你要安于寂寞，懂得等待。

第三，你必须懂得迷茫是人生常态。

每个年龄阶段，都有迷茫。迷茫不可怕，因为它本来就是人生的常态，你当下最要紧的就是，承认迷茫，然后克服迷茫，最后与迷茫和平共处。

也许所谓的迷茫，真的是你想太多的缘故。

放下你的浮想联翩，放下你的畏首畏尾，清空你的大脑，丢掉你的思想包袱，你又会重整旗鼓，整装待发！

老天不会亏待用心生活的人

01

公司新调来一个行政部经理，可同事们并不是太在意谁来当这个领导。众所周知，管理行政事务的人既不管一个公司的人事、财务，也不管采购和营销，在“地位”上总会被忽略。

可这位新来的经理却没因为工作看似简单不重要，而有所懈怠。

上个月，公司要求全体员工每天上班佩戴印有公司Logo的徽章，按照惯例，虽然行政部会将徽章发给每一位员工，但每次大家都不太愿意戴，尤其是夏天，因为很多女性同事都喜欢穿真丝衣服，佩戴徽章，会使衣服破洞，有时候稍不注意，就会勾起线头。

可这次行政部发的徽章与之前的不同。他们特意到市面上买了一种有吸铁石的，只需要吸一下就可以戴，不像以前那种别针样式的，会戳穿衣服。这下，大家一早来上班就自觉地将它戴在衣服上。这只是一个小小的改变，不足为奇，却着实用了心思。

还有一次公司领导临时决定第二天开会，行政部匆忙给所有人发通知，一再强调要着正装，可是总有些同事记性不太好。到了开会那天，听说这次老总要来，穿便装的同事着急了，正在他们焦头烂额时，行政部送来一箱正装，大中小号一应俱全，这下可解了燃眉之急。

原来，行政部经理就是提前考虑到会有这种情况出现，开会前一晚特意跟下属加了三小时班，把公司留存在库里的正装分了各类型号，拿来备用。

老子曾说："天下难事，必作于易；天下大事，必作于细。"把每一件简单的事用心做好，就是不简单；把每一件平凡的事用心做好，就是不平凡。

职场上，不一定非要在看似重要的位置，才能彰显一个人的工作态度和工作能力，把一件小事想周到、做全面，同样可以做出令人称赞的成绩。

02

朋友在一家装修公司上班，前段时间跟随老板到某公司竞标。这次竞标他们原本就没抱多大希望，因为他们的报价比其他两家公司高出整整20%。

但最后竞标成功的却是朋友这家公司，他们公司资历不是最强的，成立时间也不长，各方面的实力水平都很一般，但为什么别人还愿意出高价选择他们？原来这次制胜的关键是公司的老板。

这次竞标，朋友公司的老板不仅穿了工作装，还特意佩戴了工号牌，首先这就让人眼前一亮。接下来的谈判过程中，他能说出公司有多少人，具体到各岗位、各项目部，甚至员工的年龄结构、学历情况，他都了如指掌。

再后来，他还具体指出了今天他看出来的这家招标公司目前的装修有哪些问题，并且提出了解决方案，还对未来的装修规划做了一番解释，全程泰然自若，侃侃而谈。

那家招标公司当场就决定了朋友公司竞标成功，因为他们一致认为，一个公司的老板做事情这样仔细和认真，能如此用心地把自己员工的情况摸得这么清楚，他的员工和公司的服务质量也差不到哪里去。

“用心去做”是一种严谨的工作态度，或者说它是一种最起码的职业道德，也是一个人身在职场最基本的要求。你可以工作能力低于别人，但你若连用心工作都做不到，那就非常危险了。

一个人能力不够，公司可以对他进行培训，但是若一个人态度不端正，不用心做事，做任何事都马马虎虎，那他能力再强，也不值得重用。职场上很多成功人士，其实往往都是对工作用心之人。

03

很多时候，那些好高骛远、眼高手低的年轻毕业生，他们在职场上不能出人头地不是缺少机遇和赏识他们的伯乐，而是在于他们不愿意立足本职工作，用心把手头的工作做好，然后不断提升自我，从工作中汲取更多的经验。

工作中你会遇到很多难题和困惑，但是难题也会怕一种人，那就是用心之人。只要一个人肯用心，认真把每一件事都尽善尽美地做好，即便不能获得巨大的成功，也决不平庸。

普通人和成功者最大的区别其实就在于用心。比如给你一个苹果，你或许只知道它可以用来吃，但牛顿由它发现了“万有引力”，乔布斯用它创造了极富美感的苹果品牌的logo，筷子兄弟用它创作出了火遍全国的歌曲《小苹果》。

同样的苹果，不同的人，却用出了不同的境界。不是他们手里的苹果有多么奇特和与众不同，而是他们用心去发现，发现每一个小事物的最独特之处。

在日常的工作中，一个员工努力工作，首先是为了挣钱生活，进而是为了得到他人的肯定。即便是一名普通的保洁员，能用心打扫卫生，把玻璃擦得锃亮，把厕所清扫得无异味，也可以得到别人的肯定。

员工用心工作是为了体现自我价值，也是为了实现社会价值。

在职场上聪明的人很多，能用心做事的人却很少，但最后成功的多数为后者。

事实上，大多数工作中的博弈，很少会需要你有多么高的智商，更取决于你是否愿意对工作用心，是否擅于发现问题、分析问题、解决问题。世上无难事，只怕有心人。

当你快坚持不住时，再熬一熬

01

峰哥这段日子可算是愁碎了心。

事业上，峰哥辛辛苦苦在这个公司拼搏了五年多，领导正打算提拔他，可是就在这个节骨眼儿上，公司经营方面出了问题，莫名其妙地就换了领导，而他在新任领导面前也只能算个新员工。

感情中，和他熬过毕业季的那个她，终于还是受不了跟他再过这种前途渺茫的日子，毅然决然地提出了分手。

昨天刚一下班，他母亲就打来电话，说他父亲脑溢血又发作了。

他躺在沙发上，呆呆地看着天花板，在心里问自己，这日子什么时候是个头啊？

他有怨言，也有不甘，每天下班回到出租房里，看着厨房里冷锅冷灶的场景，就觉得很孤独、很无助、很无奈，甚至有时候还有一种立刻辞掉工作的冲动。

可是日子总要经过糟糕的今天，才有可能迎来精彩的明天，说不定熬着熬着，人生也就熬过来了。于是，你咬咬牙，硬着头皮，逼着自己再坚持坚持，再熬一熬。

班要上，饭要吃，觉也要好好睡，该联络的朋友要时常联系，每晚不管再累、再晚也坚决给父母打电话。

而现在，你依然还在路上孤独地熬着，用力地撑着。可你说，你一点儿也不怕，因为这些难熬的日子终将会过去，也许再坚持一秒，再扛住一秒，人生就会从瓶颈期慢慢地熬过来。

也许，人生最重要的不是去计较我们目前置身何处，而是应该在意我们将前往何处。

当你快要坚持不住时，将眼光放长、放远，再放大，熬着熬着，你会在不经意之间发现，其实你早就脱离了苦海，将那段最困难的日子熬了过去。

02

去年为了分享更多自己的文章，我开通了个人微信公众号，又为了保护原创文章拿到微信原创标，每晚十点到十二点坚持更新一篇接近两千字的原创文章，就这样坚持着，熬了整整一个月，写了将近六万字。终于在一个温暖的午后，我收到了微信团队开通原创标的邀请，本以为这样耗尽心力的日子终于可以结束了，毕竟拿下了原创标也算对得起这段时间自己的努力了。可是此时我又收到了一个充满机遇和挑战的消息，一个出版社的编辑邀请我出书。可出版一本书哪有那么容易？并且一般图书出版都会留给作者六个月写作期，而出版社只给我四个月，编辑问我行不行。

我再一次拿出“小强精神”，决定再熬一熬，因为熬着熬着，说不定就会将困难熬过去。

抱着这样的心态，我每天利用零碎时间看书、写文，不断地在这些难熬的日子里寻找提高自己文笔能力的诀窍，努力抓住那些触发灵感的瞬间。

日子是很难熬的，因为没人懂你在干什么，也没人相信你会干成什么，更没人相信你有这样的实力撑起你想要的才华，可是不去试一试，不去熬一熬，又怎会知道自己行不行？

当你快要坚持不住时，告诉自己再熬一熬。成功没有捷径，唯有努力。

03

刚跟他一起到四川时，你满腔热血，你不顾家人反对，一个拥有北京户口的女孩子居然为了所谓的爱情，跟一个只有农村户口，唯一的优势就是对你好的那个他在一起。

你本是冲着爱情来的，可来了以后才发现，生活也需要面包啊。你拿着自己的大学毕业证四处找工作，本以为会一切顺利，但没想到人家不要你，担心你是骗子，因为真的很少会有带着北京户口的人跑到小城镇来找工作。

实在没办法时，你去应聘保洁员，可是保洁公司也不要你，因为你学历太高，一个大学生怎么能干得了保洁员的工作？说起来也是挺可笑的。

后来你又去找工作，但这次你学聪明了，不再说出自己的户口和真实的学历，别人问你，你只说你是个初中生，家乡是某农村。

为了这份爱情，你可没少吃苦头，你放下自尊，抛弃自己从小娇生惯养的习惯，你甚至不要面子。为了跟他在一起，再累你也愿意，每当快要坚持不住时，你总告诉自己，再熬一熬，幸福就在下一秒。

终于在那些难熬的岁月里，时光见证了你们对爱情的执着和笃定。你们也终于在那些为了生计而努力的日子里熬了过来。今年，你们的儿子刚好已经到了参加中考的年龄，房子有了，车子有了，最爱的人也是眼前人。

青姐说，其实放弃一个人、一件事很容易，可是认定一个人、坚持一件事却很难。因为多数人都熬不过那些困苦不堪的生活，于是真正能熬过风雨、熬过困苦、熬过艰难的人，少之又少。

可人生最大的喜悦常常是你刚熬过苦日子之后，获得它所带给你的无限的惊喜。峰哥其实可以不用熬，选择随波逐流也无妨。我其实也可以不用熬，因为放弃一件爱好也算不了什么。青姐也可以不用熬，因为只要她当初放弃他，自不必如此寄人篱下，风餐露宿多年。

不熬过来，你永远都在人生的瓶颈期徘徊；不熬过来，你永远都没机会实现自己的梦想；不熬过来，你也永远不会与所爱之人在充满爱的时光里白头偕老。

当你快坚持不住时，挺住，扛住，顶住，再熬一熬吧，因为熬着熬着，人生也就熬过来了。

愿你微笑着，与眼前的失败和解

01

人的一生总是要经历无数次的失败。既有主观原因，也有客观原因，总之，没有谁的一生都能一帆风顺，没有谁的人生能一条直线走向成功，更没有谁的人生能无缘无故地在一蹶不振中重新燃起希望。唯有暂时与眼前的失败和解，才能在看清生活的本质后，合理规划人生，更好地向未来出发。

你把公告栏从上往下，又从下往上地看了整整三遍，可就是没有你的名字。曾经信心满满，此刻灰头土脸。这种感觉就像坐过山车，这大概就是我们常说的希望越大，失望越大吧。

你从小喜欢画画，水粉、油画、国画，样样精通。从七岁开始学画画，你就像着了迷一样，一有空闲就钻到画中，丝毫不顾画外的世界。由于画画握笔姿势的要求，经年累月，你的小拇指有些弯曲和变形，就像跳芭蕾的女孩，美丽的小脚练到变形才能在舞台上跳起来轻松自如。

高考那年你毫不犹豫地报考了某著名美术院校。你的艺考成绩非常出色，招生办老师从无数张画卷中第一眼就看中了你的画。在你高考前两天还特意打来电话许诺，只要你的高考成绩在学校的最低分数线之上，就马上录取你。可那年你却因为英语成绩太差，与心仪的院校擦肩而过。

你一蹶不振，自暴自弃。你把自己关在卧室里，除了吃喝拉撒，坚决不走出小屋半步。

即使没考上理想的学校，但在第二志愿的大学里，只要我们保持对梦想的执着和追求，依然可以成功。如果这样我们还不能成功，那我们在步入社会后通过自身努力，还是有成功的机会。如果依然不能成功，那就索性将梦想当作个人的兴趣爱好，在平凡的生活中去充实它。成功，有时候是一种明显的功利性结果，有时候也是拐弯处的清醒和理智。

02

不是所有爱好画画的人，必须成为一名画家才叫成功。不是所有喜欢写作的人，必须成为作家才叫不负才华。村上春树并没有因为没有获得诺贝尔文学奖而放弃对写作的热爱。李宗伟也笑称自己为林丹一生的对手。当然科比也理性地认识到，尽管像热爱生命一样热爱篮球，但总有一天会遇到心有余而力不足的时候。他们都是努力的人，甚至比你还要努力，却依然需要用一份淡然的微笑与眼前的失败和解。

生活中哪有事事如意这样的好事，正如没有仅凭努力就一定会取得的成功。努力当然是成功的前提和必要因素，但你不愿与失败和解，不愿与自己和解，一味地钻牛角尖，迟迟走不出失败的泥沼，没有重新面对生活的勇气和继续前进的动力，那才叫真正的失败。

03

你一直梦想成为一名出色的生意人。三年前你终于如愿以偿，投入了大量物资和心力，开了一家韩式料理餐厅。

刚开店的时候，生意还不错，新顾客、老朋友交替来照顾你的餐厅，生意才做了一年，你就找来专业装修公司，几乎把这一年赚的钱都用来重新装修店面。你要把餐厅做到最好、最大、最强，甚至还规划了五年的经营计划。可遇上了这几年整体经济不景气，又因为附近多了几家竞争对手，高昂的店铺租金、人力支出让你不知所措。你想尽一切办法想要保留这份心血，可是越来越差的生意让你不得不关门歇业。

你瞬间就从一个老板变回了一个打工者。但你并没有给自己预留悲伤的时间，店面转租成功后的第二天上午十点，你就从机场乘飞机起飞到另外一座城市继续打拼。

临走时，你一脸轻松地说：“五年后哥还是一条好汉，哥会重新带回钞票继续开餐厅。”

这看似对梦想放手的行为，看似向失败妥协的行为，不过是为了积蓄更多、更大的力量，再一次向梦想发起冲击。

04

我们不可能永远遇上对的人、对的事。当我们权衡利弊以后，暂时与失败和解，保持一份审时度势的清醒，待天时地利、羽翼渐丰时，我们才能有足够的底气对抗失败。能屈能伸，能上能下，进退自如，才是生命最本质的成功。

扬帆起航成立的前提是，你要成为一个经验丰富的掌舵手，丰富的经验则来自时间、经历、阅历的沉淀。

愿所有正在奋斗途中的人，都能微笑着与眼前的失败和解，在默默的坚持和努力中，安静地等风来。

你可以哭着前进，但不要笑着回头

01

朋友A在一家酒店做HR，她告诉我，即便她所任职的酒店开的工资跟同行业相比有些低，但从来不愁招不到人。

众所周知，酒店普通员工的流动性是非常大的，但她所任职的酒店的员工离职后，用不了半年就会回来重新应聘，这样既省了招聘新员工的麻烦，又因为都是老员工，工作上手也很快，特别省事。

我很好奇，问她为什么。

A说，很多年轻人在原酒店工作时嫌工资低，可好不容易下定决心辞职后，才发现新的酒店虽然工资高，但是工作累、要求严，而且常常利用下班时间拉他们去培训、演练。

很多人忍受不了那样高强度的工作和高压的工作氛围，于是就打了退堂鼓，再回到原酒店工作。

期间他们会反复离职，但最后还是会回来重新入职，不管怎么折腾，他们终究还是适应不了新的环境，还是会选择钱少活少、不劳神费力的工作。

当你决定踏出生活的舒适区时，难的是你决定要踏出去的第一步，但更难的是如何坚持下去。

我知道你很苦、很难、很憋屈，但你若要爬山，爬到顶才能看到会当凌绝顶的风景，若要看日出，就要守到拂晓才能看见日出东方的美景。途中，你会累，会想退缩、想放弃，但你即便边哭泣边前进，也不要轻易回头。

你要相信总有一天你流过的眼泪，终将照亮你前进的路。

02

我有一个姐姐，三进三出某银行，最后还是辞了工作，一周之后才通知家里人。当时，她雄心勃勃地告诉正在读高中的我，她已经想好了，不再过呆板的日子，她要过得潇洒自在，要去做生意，去旅行。

后来她刚拿到驾照，就用所有的积蓄买了一辆车，而不是攒钱买房，四处游玩一年后，在一家公司干起了销售工作。

她工作非常出色，经常是公司的销售冠军。但这两年市场行情不太好，她也遇到了工作上的瓶颈期。如今老板每天都要开动员会、激励会，下指标、给任务，她已经连续一个月每天加班到深夜了。

最近她很频繁地给我打电话，说好累呀，想辞职，很后悔当初辞掉了银行的稳定工作。

我说，辞职的想法可以有，偶尔想想可以，但是不要走回头路了。

当你想要放弃的时候，想想当初你为什么选择了这条难走的路。当你开始羡慕别人轻松安逸的生活时，安静下来问问自己，你真的是因为喜欢还是因为逃避。

若你只是因为太累，太苦，太孤独，那就尽情地哭吧，哭完后，你还是要向前狂奔。千万别笑着走回头路，因为有些路，一旦踏出后，若不向前，回头就只能是万丈深渊。

03

朋友跟男友分手后，苦苦熬了三周，不见他，不联系他，也慢慢地从最难熬的日子里挺了过来。

可是周末我们一起出去玩儿时，不小心又勾起了她的情愫。原来我们当天游玩的地方，正是两人初见之地，她哭着问我可不可以给他打个电话，可不可以重新来过，可不可以将错就错……

看到她哭得这么痛苦，我虽然心肠软，但还是告诉她，不可以。

分手后的人，最害怕触景生情，本来决定好聚好散，但最容易在夜深人静的晚上，守不住心底的防线，于是就彻底地崩溃了，想要一切从头再来。

有些路原本就没有回头路，有些人原本也只是你生命中的一个过客而已。

你离不开一个人、一个环境，很多时候是因为习惯使然，但若是在错误的时间遇到了错误的人，即便你有百般不舍、百般无奈，你也要学着即使哭花了妆也要前进，而不要为了图一时的畅快而选择微笑着回头。

04

当初你选择了一条你最喜欢的路，可是没走多久，你又想反悔，因为你发现，现实和理想还是有差距的，可你走了回头路，也会同样存在差距啊。

无论你选择哪一条路，都会留有遗憾，那何不坚持自己喜欢的路呢？

世间的路有很多条，但只要坚定地选择了其中一条后，你只管风雨无阻向前进就好。

活着真是累，很累，当你累得想要放弃一切调头回去时，告诉自己，只有向前进，才会有前途光明的未来。

那些看起来很傻的努力，才是通向成功的捷径

01

上周二在朋友圈看到了曾经同班的学霸发了一个状态，他在机场，准备去上海迪士尼乐园游玩。想当年，我们都认为他是个十足的傻子，因为他曾经一个人辛苦做作业然后被全班同学抄袭。

那时候，我们一大早就到教室门外遥望他的身影，等待他的答案，有时候为了避免雷同卷，还故意抄错两三道题。

这份答案也许花了他几个小时的时间，而我们只需半个小时就能抄完。当我们在看电视剧、玩游戏的时候，他在做作业，而且我们还是免费索取他的答案，想想都觉得他那时特别傻。

而如今，我们这些看似很聪明的人，没在本该奋斗的年纪

去奋斗，没在本该努力的时光去努力。只能羡慕地看着学霸在我们最忙的时候休年假，而我们只能埋怨每日加班的辛苦。羡慕他既有说走就走的底气，又有说跳槽就跳槽的能力，而我们只能被拴在原地，没有想走就能走的勇气和魄力。

生活中，真正成功的人往往不是那些偷奸耍滑、偷工减料的人，而是那些脚踏实地、勤勤恳恳去努力并且看起来很傻的人。

02

朋友公司准备开一个年中总结会，于是每个部门都要写半年总结。开会通知下来以后，很多部门的同事根本就不着急，无论领导提多么严苛的要求，他们似乎都能轻松应对。为什么？因为他们是聪明人，他们只需要等着我朋友的工作总结，然后依葫芦画瓢，格式、内容、分析的思路都一致，只是数据不一样，又或者把去年甚至前年的工作总结拿来套用，根本就不费劲。可是每次我的朋友都认真准备半年总结，力求写得更贴近目前的实际工作。有些同事就偷偷劝他："你傻呀，把去年的数据换了不就行了，非要那么认真，这不是自己给自己找事儿做吗？"

结果那次开会，大领导动了真格，仔细看了每个部门的工作总结后，还一一询问各部门上半年的工作情况并且要求脱稿回答。这下大家都傻眼了，因为都只记得概况，数据是财务提供的，是直接复制粘贴上去的，没有认真计算过。

可轮到朋友回答时就不一样了，她能把每个数据都记得清清楚楚，并且还能够分析出这个数据的来源、前因和后果，又对下半年的形势也做了全面的分析。

当年竞争上岗，朋友顺利晋升一级，而那些当初看起来很聪明的同事们只能唏嘘自己怎么就输给了一个“傻子”。

03

某公司面试两位前台人员A和C，试用期一个月，而最终留下的只能有一个。这两个女孩子看起来都工作很利索、很能干，但其中一位看起来有些傻，做事超级认真和执着。

原本领导并不是太看好她，可在试用期里，这个“傻子”A却渐渐地把另外一个看起来很聪明的女孩C比了下去。

比如上班时间，C一边戴着耳机一边把头发捋下来遮住，再把电脑上的电视剧视频调成最小号播放，她以为这样大家就看不见了。

而A呢，因为常常接电话，知道很多顾客都会询问电话号码，但每次去翻电话本又很浪费时间，于是在C听歌、看电视剧的时候，她记住了近三百个电话号码。

最后，A被录用了。C临走时很不服气地说：“不就是记住了一些电话号码吗？就为这点就淘汰我，一点儿也不公平，我也可以一个月背下三百个电话号码。”

领导说，世界上真正聪明的人很多，记忆好，手艺精，智商高的人不乏多数，而职场却不需要最聪明的人而是需要踏实做事、认真工作的人。

04

一个人能否成功要集合很多种因素，比如你的才智，你的情商，你的领悟能力，等等。但以大多数人的努力程度来说，根本还没有达到拼智商、拼关系、拼聪明的程度。

成功不一定属于那些看起来很聪明的人，它更青睐于那些老实本分，对工作和生活保持着一份敬畏心的人。因为他们会用一颗初心永远保持着一份热忱，认真对待工作和生活。

有些事不用硬扛，也不用假装坚强

01

前段日子，因为工作和生活上的压力非常大，我走进了一个死胡同里不能自拔。但我每天展现给大家的状态还是我过得很好，过得很开心，似乎伪装坚强成了我的强项。多年来，伪装开心已经成了我的保护色。

可是有些事，会让我明白，原来我也有扛不住的时候。但我还是硬扛，我不服输，我就要坚强，即便是假装坚强。

林姐虽然比我大很多岁，但我总感觉跟她在一起的时候特别的舒服和自然，有一种相见恨晚的感觉，而且，在第一次见她的时候就预感到这个人一定是我的知己。

那些日子，她看我瘦得非常厉害，于是多次问我是不是有什么心事，我当时可骄傲了，直接一句话回她："没事啊。"

可有一天清晨，我感觉自己已经到了一种扛不下去的状态，整个人都像飘浮在空中一样，失去了行走的能力。于是我鼓起勇气给林姐打了电话，可是因为太早，她没听见手机响，回头她又打了过来，问我怎么了，我只是说没事。

到了中午，我请她吃饭，我早早地在一个十字路口等着她，望着路的那头，眼泪在眼圈里打转，终于看到了她的身影出现，我的眼泪瞬间就决堤了，把心里所有的委屈都哭得一干二净。

后来她并没问我怎么了，因为她知道即便问了，我也不会说，可是那种在她面前不用伪装，不用戴面具，高兴时笑，伤心时哭的状态，真的很好。

当我们感到痛苦和压抑的时候，其实真的只是需要一个情绪的出口，我们可以哭，可以软弱，可以告诉全世界，我也并非时时刻刻都那么坚强。

也许我们不用硬扛，不用伪装坚强，缓一缓，松口气，依然能撑起那片生活的蓝天。

02

朋友的母亲因为癌症去世了。那天，我去参加了葬礼，朋友看我来了，便忙着招呼我，她忙着给我倒茶水，忙着给我找座位，一点儿要让自己停下来的意思都没有。

她看起来很坚强，既没哭也没闹，因为自从得知母亲得了这个病后，她就已经做好了心理准备，虽然厄运还是不期而至，但她还是表现得像一家之主那样有担当。

残酷的现实在她不经意的眼神，青黄的皮肤还有严重营养不良的身材中，都被看得清清楚楚，只是她以为我们不知道她在自己骗自己而已。

葬礼过后没多久，有一天上班途中，她突然就晕倒了，在医院住了足足一个星期。我去医院看她的时候，她终于告诉了我她的心里话："其实我并没自己想象中那么坚强，越是伪装，越是脆弱。"

每个人的生命中都会遇见生老病死，而最让人痛苦的事莫过于子欲养而亲不待。也许有些人一辈子都不需要体会这样的感觉，而有些人就没那么幸运了。

当我们面对生命中突如其来的意外时，扛不住的不必去硬扛，有些坚强也不必太过假装，你要自信，要乐观，也要有一个良好的心态，但不要把自己逼得太紧，我们始终是一个人，是人就会有脆弱、无助的时候。

TED有场著名的演讲，主题就是：允许自己为人。你会快乐，会悲伤，会欢笑，会流泪。学会接纳自己好的情绪，也要包容它坏的部分。

03

也许，你会告诉我。你不去承担就没人去替你承担，你不去扛就没人替你去扛，你不坚强就没人替你勇敢。

是的，这个世界上你面临的所有痛苦和无奈，终归要你自己去承受。没人能真正帮到你。

可是朋友，正因为没人能帮我们，没人能理解那种面临困境时的无奈，那种月初就担心月末的房租，那种夏冬季就担心春秋季的学费，那种不加班、不熬夜就会被炒鱿鱼的心酸，我们才要更爱自己，对自己好一点。

对自己好一点除了给自己尽可能的物质享受外，更重要的是给心灵松绑，不必硬扛，不假装坚强。

找一个安静的夜晚，放下你所有的负担，且让我们安静地哭一会儿，然后入眠，在太阳初升的那一刻，微笑着起床，洗漱，迎接新的生活。

所谓的专注，就是把一件事做到上瘾

01

有一个读者问我，如何才能把读书这件事坚持下来？我问她，你有自己喜欢的事吗？她说了很多，然后我又问，有那种跟玩手机一样，一日不接触它就觉得不安、焦躁，甚至难受的事吗？

她说："有啊，化妆算吗？我是那种必须起床就要画个淡妆的姑娘，即便周末一个人在家也要化妆。"

我说："这算啊，希望自己每天都美美的，这件事就是让你喜欢，让你上瘾的事儿。"

换成跑步、学习、读书也一样，你可以强迫自己坚持一些好习惯，但最后坚持下来的人却很少。也许是因为毅力不够强，但我想更重要的是你对这件事不够喜欢，或者说没有上瘾。

宋代黄山谷说：“一日不读书，尘生其中。两日不读书，言语乏味。三日不读书，面目可憎。”能达到这种境界的几乎都是对读书着了迷、上了瘾的人。

读书这个习惯是可以培养的，但若你在这个习惯里找不到所谓的志趣，就会特别容易放弃，即便你强撑也没有多大意义。但对读书上瘾后，就很难戒掉了。那些喜欢读书，真正对读书这件事如此专注的人，大多都因为对读书上了瘾。

02

有一个同学，特别努力，一直都属于那种勤奋好学型。但她这种看起来很努力，而且本身也足够努力的人，无论做什么事，却一直都做不出成绩来。

就拿学英语来说，前几年比较流行英语专业，她想学好英语以便进入外企工作。抱着这个信念，她努力背单词、学语法、写英语作文，几乎从不间断，并且她在学习英语的过程中，几乎从不玩手机，也很难见她走神，可每次考试都不理想。

老师见她这么努力，也无意批评她，于是就鼓励她坚持。可后来老师说，她的问题不是不够坚持，而是方向错了，对于不那么喜欢，或者是不那么上瘾的事，无论她怎么努力，也是事倍功半。

03

如何找到让你上瘾的事？

第一，兴趣。

但凡让你咬牙坚持的事，再努力做都不会太成功。因为这所谓的努力都是逼出来的，而真正引领你成功的是让你感觉很享受、很有趣的事。

第二，开心。

这里讲的开心，不是指你在追求的梦想的过程中没有遇到困难，而是指即便你会遇到艰难险阻，但是你是开心的，你乐意去做这样的事儿。只有乐意去做让自己感到开心的事，才会让人顺其自然地坚持下去。

第三：坚持。

没有人从一开始就知道自己真正感兴趣的事、能让自己专注的事，究竟是哪一件？但当找到了梦想发出的微弱的光，你就要顺着这道光努力寻找，坚持下去。唯有坚持，才能让你真正对它上瘾。

你首先要找到你的兴趣，然后拥有一个开心的状态，最后把它坚持下来，做，就对了。

04

巴尔扎克说：“一个毫无癖好的人简直就是魔鬼。”而把癖好做到上瘾，坚持到最后的人，也是魔鬼。只是两者之间有着天壤之别。

有人问一位登山运动员："为什么要攀登珠穆朗玛峰？"

"因为它在那里。"

别的山峰不存在吗？

在他眼里的确不存在，他只看得见那座最高的山。登上那座山的山顶就是他心中的瘾，无法替代，无法戒掉。

所谓的专注，就是把一件事做到上瘾，你会努力到上瘾，专注到上瘾，一辈子都很难戒掉。这样的瘾，你愿意拥有吗？

NO.3

对生活的期待，让我们把日子过成想要的样子

面对这个凉薄的世界，
我依旧想做一个温暖的人

01

这是一件在我小时候发生的事，现在我早已记不清当时我几岁，只是过了这么多年，每当我站在那个十字路口，总是遗憾没能当着你的面，叫你一声“妈妈”。

我人生中最先学会的称呼不是妈妈，而是奶奶，因为我是奶奶亲手带大的。在我的潜意识里，根本就没有你的存在，因为不曾拥有，也就不曾失去。

那是一个阳光灿烂的夏日午后，我跟小伙伴们正在路旁玩“过家家”。一个陌生的女人走到我面前，眼睛里含着泪水，手里提了几袋新衣服，还有新鲜水果。

“圆圆，你不记得我了吗？我是你妈妈……”

我突然被眼前的这个女人吓住了，飞奔回家找奶奶，当时的我真以为是遇到坏人了。

不到半个小时，家里就聚集了好多街坊邻居，大家纷纷催促着我叫你妈妈。可我真是开不了口，死活也不张嘴。

这样尴尬的气氛一直持续了两个小时之久，最后你抹着眼泪走出了我的家门，走的时候，你一边叫着我的名字一边不时地回头，几乎是用祈求的语调让我叫你一声妈妈。你一边走一边回头，直到走到了路的尽头……

我不知道当时是哪儿来的一股倔强劲儿，我不是故意要让你难过，因为这对一个小孩子来说真的太突然了，这也是我有记忆以来第一次见到你，而初次见面就要我叫你妈妈。

或许是血浓于水的原因吧，当我站在家门口，看着你离去的背影，不知道是为什么，无数次我想叫你一声妈妈，可是我无论如何也开不了口，直到你彻底消失在我眼前。

我再也忍不住，大声地对着一条空无一人的小路，一声又一声地叫着“妈妈，妈妈，妈妈”额头上被烈日蒸晒的汗水和眼里的泪水混合在一起，早已分不出各自的味道。

可是你走了，你听不到了，我就像一个迷路的孩子，再也找不到回家的路。直到现在，每每想起那个午后，那条路和那个你，我总是忍不住心痛，忍不住流泪……

那天下午我就这样无助地站在那个路口，哭了好久好久，周围的邻居过来安慰我，我也丝毫不理睬。很多人说：“这孩子怎么这么倔，你妈妈好不容易鼓起勇气回来看你，你却不理她，等她走了你才叫声妈妈，这不是伤人吗！也许她以后再也不会来看你了……”

直到现在，我始终也没明白，为什么你一走，走得无影无踪后，我会突然鼓起所有的勇气呼唤你……

在这二十几年的光阴里，有人问我恨不恨你，有人劝我忘了你，有人对我说你真狠心，还有人说你根本就不爱我。可是在这个凉薄的世界生活了二十多年，我依旧不愿意相信你真的是嫌弃我是个女孩，依旧不愿相信你真的是对我没一丝想念，依旧想在这个凉薄的世界，拥有一颗温暖的心，做一个温暖的人。

02

毕业那年，好不容易通过中介找到了一所还算满意的房子，好不容易把学校的随身物品扛过来并且收拾得井井有条。但还没住满一个月，房东就一脸不好意思地想找我谈一谈，原来他当初并不打算出租这套房子，而是想卖，只是一直没有找到合适的买家，于是就决定先租出去，好歹有个收入。

前几天，有人给了房东一个非常满意的价格想要买这套房子。房东对买主说，等半年交房，一个大学刚毕业的女孩子已经租了这套房。可是买主之所以愿意出这个价格，条件就是要立刻收房。房东虽然很想为我多多考虑，但是在现实面前，又有谁能舍下自己切身的利益去顾及别人呢？有时候不怪社会太现实，只能怪我们心有余而力不足的事太多。

房东最后说，他实在觉得对不起，愿意给我合同上的赔偿金，也愿意帮我找一个搬运工，他出钱。我对他说，我明天就搬走，赔偿金就不要了，我也很感谢他的好意，一切由我自己解决，只是让他把我预付的五个月房租退给我。

那段时间，工作不稳定，一日三餐也不准时，正是我人生中最艰难的日子，但我却连一个落脚的地方都没有。第二天一下班，回到住处，收拾好行李，已经是晚上十一点了，我一个人拖着全部家当，腾不出一只手来擦眼泪。迎面吹来的清风，风干了脸上的泪痕。

之后，我找到了新的住处，那时候老爸常常打电话来问我缺不缺钱？住在哪里？住得怎么样？要不要回老家工作？我非常爽快地回答他，“一切都很好”。可是挂了他的电话，我在漆黑的房间里瘫坐在床上，为下个月的房租发愁，为这盏怎么也修不亮的灯发愁。

生活有太多太多的无奈，生活也有很多很多的现实，可是即便如此，我仍旧相信房东不是故意要撵我走，依旧相信那盏不亮的灯并不是故意在戏弄我，也相信我的生活不会永远掉入这些细碎的现实里。世界如此冰冷，如此令人寒心，可我依旧想做一个温暖的人，不卑不亢，不责怪，不抱怨，用一颗温暖的心温暖自己，温暖他人，温暖这个凉薄的世界。

03

我特别喜欢“温暖”这个词语，可是我自己并不是一个内心温暖的人，正因为缺少温暖，所以我一再强调这个词语，也一直热爱这个词语。

记得奶奶去世那天，我打了车一路催着出租车司机快一些再快一些，电话那头，我一再请求长辈们再等等我，可是当我只离火化炉不到一百米的距离时，火葬场工作人员实在等不及了。奶奶被推进去的那一刻，火葬场响起了悲痛的哀乐，我突然停下了脚步，僵在那里，那一刻的无助和孤独，让我又想起多年前我站在十字路口呼喊妈妈时的情景。

六岁那年，我跟着两个婶婶去街上买菜，其中一个婶婶让我把一件衣服送给正在上班的爸爸，她问我能找到路吗？我硬着头皮说，“能”。结果，我拿着这件衣服，被一个陌生的女人牵走，她正准备将我带回她的家里，而且她还让我叫她妈妈，我撕心裂肺地哭着，那个女人说：“你看嘛，没人要你，根本就没人来找你，你还是跟着我走吧，跟着我，你就有爸爸了，还有哥哥……”正当我跟那女人走到街口时，我看见了其中一个婶婶，我用尽所有力气呼唤她，可是她却远远晃了一下，又消失在了茫茫人海中，那时的她，看样子也是吓坏了，估计也正在着急地找我。眼看就要到那女人家了，另外一个婶婶终于找到了我。为了这事，两个婶婶整整七年没说话。

或许是因为在我很小很小的时候就有了对孤独的深刻理解，

也过早地经历了世态炎凉。这些年，我的内心一直住着一种人，那就是温暖的人。一旦有人对我好，对我关心，对我无微不至，我就会感到害怕。所以如果我发现自己对谁特别地在意，特别地上心，我就会立刻拉大与他之间的距离。

因为害怕失去，害怕又会回到六岁那年，不小心迷路，害怕又没人要我，害怕爱我的人又再次离我而去，于是我选择逃避，选择离开，选择封闭自己。我拥有过很多，也错过了很多，一些人离我而去，一些人又重新回来，而有一些人走了以后注定今世再无相见的可能。可是这一切痛苦，一切苍凉，不是要我学会成为一个冷漠、孤傲的人，相反，命运这样安排，一定是要让我最终成为一个温暖的人。只有在这最凉薄的世界经历过，爱过，痛过，才能深刻地明白温暖的真正含义。

我只想用有限的生命去尝遍人生中所有的酸甜苦辣，只想在阅尽世间繁华和落寞后，做一个温暖的人。我相信，这就是生活想要给我的真正的财富和宝藏。

把心放开，不要为了躲避风雨，而将真正的阳光抵挡在心门之外。在这个凉薄的世界，如果你足够努力，足够上进，足够坚持，一定会成为那个你最想成为的人——一个温暖的女子。

那些苦难的经历，终会成就你

01

我看过一本很励志的小说，海明威的《老人与海》，这篇小说1953年获得了美国普利策奖，小说作者1954年获得了诺贝尔文学奖。

它讲述了古巴老渔夫在连续八十四天没捕到鱼的情况下，终于独自钓上了一条大马林鱼，但这鱼实在太大了，把他的小船在海上拖了三天才被老人杀死。他把大鱼绑在小船的一边，但在归程中，大鱼一再遭到鲨鱼的袭击，最后回港时只剩下鱼头、鱼尾和一条脊骨。最终，筋疲力尽的老人回到家躺在床上，只能从梦中回忆美好的往事。

小说中的主人公在不可征服的大自然面前，确实是失败的，可在某种意义上，他又是成功的。老人在捕鱼的过程中，得到了人生的另一种难能可贵的体验，这种经历甚至比最后捕到大鱼的结果更珍贵，更有意义，更耐人寻味。

生活总是让我们遍体鳞伤，但到后来，那些受伤的地方一定会变成我们最强壮的地方，也一定会成就那个伤痕累累的你。

02

日本的羽田机场，2013年、2014年连续被评为“世界上最干净的机场”，而支撑这一成绩的是一位发现污渍就笑逐颜开的女性，她的名字叫新津春子。

她对工作的细致程度和对污渍的清洁程度在世界上是首屈一指的，并拥有“日本第一大楼保洁工”的称号。回望她的一生，有一半都是从逆境中度过的，甚至可以说她今天所取得的成就，完全归功于她那苦不堪言的人生经历。

新津是中日混血儿，1970年生于中国沈阳。在中国时，所有同学和邻居都歧视她，对她毫不客气地说：“日本人滚回去。”十七岁那年，本以为回到日本就可以结束受歧视的境况，可到了日本，所有人又对她说：“中国人滚回去。”后来由于家境的变故，她不得不承担起巨大的家庭重担，可是在日本，以她的学历和尴尬的身份，所有企业都不愿意用她，唯有应聘保洁工，而这份保洁工作都还是通过自己一再向招聘企业说好话、表决心得来的。

由于这些苦难的经历，迫使新津春子产生强烈的愿望：不愿一辈子被人欺负、一辈子被人瞧不起。于是怀着这样一份信念，她在工作岗位上发奋学习，在一份社会地位极低的保洁工作中做出了世界一流的水平。

苦难的经历对于强者来说是一笔宝贵的财富，而对于弱者无疑是万丈深渊。区别在于你对待苦难的态度。逆境来时勇敢地尝试改变它，你可能创造历史；不敢改变，你就可能成为历史。如果你正在经受苦难，千万不要怀疑人生、抱怨社会，你只管为成功做好一切应有的准备，这样，当好运来临时，你就能毫不费力地拥有它。

03

有一位高中时的学长，经过高中三年坚持不懈地努力终于守得云开见月明，收到了北京大学的录取通知书。

小时候的学长不是一个因家境贫寒而一直努力的学生。贫寒的家境，对学长来说，习惯了也就漠然了。学长从小学到初中的成绩一直都还过得去，之后勉强地考上了高中。亲戚常常一把鼻涕一把泪地好说歹说，让他看在父母如此不容易的情况下专心读书，可他不以为然。

直到有一次学校在周末提前放假，学长回家敲门发现家中没人，于是他到挖煤场去找父亲拿钥匙。

这一次与父亲的相见成了他人生的一个转折点，看着眼前的父亲，一双布满血丝的眼睛，黢黑的脸，瘦弱的身板，穿着一身粗布烂衣，他顿时泪如雨下。

父亲对他说，男子汉顶天立地，不能轻易掉眼泪，还嘱咐他一定要专心念书，对穷人家的娃娃来说，读书才是唯一的出路。

从挖煤场出来以后，学长就像变了个人，再也不半夜打着手电筒看小说，也不再跟身边的哥们一起整日打球、聊游戏。

为了集中精力学习，他每个周末和寒暑假都不回家，一个人在学校，一心为高考而努力。我们常常会在空空的教学楼和宿舍楼下，看到一处不到保安自动断电就不会熄灭的灯光。

直到录取通知书寄到他的手里，他站在升旗仪式的台上为我们演讲时，他的父亲还在煤场没日没夜地挖着煤。

学长说，正是那些苦难的经历成就了他。让他在迷茫的青春里找到了前进的动力和奋斗的决心。

英国作家毛姆先生曾说过："如果一个人跌进水里，他游泳技术好不好是无关紧要的，反正他得挣扎出去，不然就得淹死。"最终决定人命运的常常是求生的信念与决心。

我总相信，那些苦难的经历里一定藏有让你奋发图强的理由，也终将成就一个不一样的你。

我努力赚取财富，却赚不到幸福

01

从小我就有个想法，我要靠自己的努力买一套房子，那时候没有考虑过房子要多大的，坐落在几环，需要什么朝向，只是单纯地觉得有了房子就是有了家。

这个梦想一直支撑着我，让我在无数艰难的日子里熬了过来。每次想要放弃时，只要我闭上眼睛幻想怎么布置我的小家，我就会幸福满满，满血复活。

上大学那会儿，几乎每个周末我都会去参加各类考试的监考工作，社会型的考试多半是一个老师和一个学生担任监考，一般监考一天能赚两百元。

那时候的周末，监考要起得很早，室友们还在睡梦中时我就要赶去考场。她们在玩闹时，我只能守在讲台上呆呆地看着下面的考生，什么也不能做。等我回来时，寝室里就只有我一个人，可那个时候的我从未觉得孤独和不开心，因为离梦想又近了一步，累并幸福着。

那时候，每年拿到的奖学金除了给辅导员和家人朋友表示一份谢意，多余的我从不多用，连买一条新裙子也舍不得，因为我要存着买房呢，想着都特别开心。

那时候，再怎么辛苦和艰难，都会有一种莫名的幸福感。

后来，我终于靠自己攒够了买房的首付，每个月日子紧一紧，月供的金额还是可以撑过去的。

记得收房那天，我去拿了钥匙，当陪同验房的工人帮我把门打开的那一瞬间，我居然感到一种说不出的难受，内心是空空的、虚无的。

因为在没踏进去之前，我一直以为支撑着我这么快乐地去努力的缘由是一套房，可最后我却发现我要的不是一套房，而是一种有家的幸福的感觉。

而如今，我得到了梦寐以求的房子，却发现坚持了这么多年的执念居然是错误的。我以为有房就会幸福，可一个人若心里没有幸福感，一套房也只是一个冷冰冰的墙体组合而已。它可以为你遮风避雨，却不能温暖你的心。

我努力赚取财富，努力争取一切可以离成功更进一步的机会，可却偏偏赚不到幸福。因为幸福不是靠赚的，它是一种感觉，这种感觉是无论你通过多少功名和成就也赚不来的，它是靠心来感受的。

02

每到夏季我都会看中医，调胃口。别人看中医调理身体是为了减肥，而我是为了增肥。因为只要心情不好我就会吃不下，就算一整天不吃也不会感觉饿，所以身体消瘦得非常快。

对我而言，吃饭就像完成任务一样。我经常因为工作、看书、写文而不吃饭，或者随便吃一点，我觉得只要能有所成就，我就会感到幸福，相比这些，吃饭就显得不那么重要了，可是我却迟迟没有找到这种幸福的感觉。

我每天上班都会路过一个修自行车的店铺，店铺的面积很小，不到十五平方米，店主是一对五十多岁的夫妻，听他们说话的口音应该是外地人。每次经过那儿，我就会产生一种难得的饥饿感和幸福感。

一到中午，老板娘就会在丈夫修车的位置旁边挤一个小地方拿着一口锅炒菜，屋子本来就小，修理零件又堆得多且杂，而且四处都黑乎乎的，感觉不太卫生，也不会让人有食欲。但当我看到他们吃饭时的幸福的样子，我就好想去跟他们坐下来一起吃上一顿幸福的饭菜。

每次老板娘都只做一样菜，然后用一个很大的铁钵钵盛着，在路旁搭上简易的桌子，一碗菜、两碗大米饭，开吃。

你无法想象在一个马路旁边，在灰尘四处飞扬、人来人往的车辆和行人旁，他们两个人吃得那么津津有味，那么幸福。

每次看他们大口大口吃菜的样子，似乎全世界的山珍海味都融汇在了那一盘简单的饭菜里。

也许这对夫妻的每一顿午饭都不过如此，因为这几年，我真的从没有看见他们的桌子上出现过第二道菜。

但他们吃饭时所表露出的幸福感，至今我也从未得到过，这种幸福是无论用多少钱也买不到的。

缺少了感受幸福的能力，自然就得不到幸福，因为幸福只是一种感觉而已，无关乎金钱、地位还有名望。

03

有一个姐姐给我留言说，她现在什么都有了，老公事业有成，孩子乖巧听话，自己的工作也上了一个台阶。可是她却感受不到当初跟老公一起打拼时，过着一穷二白日子的快乐和幸福。

那时候，她和老公完全是白手起家，什么物质积累也没有，两人从大学毕业就一直在一起，从未分开。

老公说，为了让她更幸福，他要努力挣钱，让她过上好日子。老公想着要买房、买车，所以拼了命地努力赚钱，后来生活越来越好。可现在坐在豪车里的姐姐即便到全国各地旅行，也感受不到曾经跟老公骑着一辆二手自行车四处闲逛的幸福；现在即便住在一百五十平方米的大房子里，也感受不到当时住在不到五十平方米的出租房里的那份快乐；现在整天出入环境优雅的西餐厅，可怎么也吃不出当时饥肠辘辘时，老公半夜起床煮的那一碗鸡蛋面里的幸福味道。

我们总以为我们努力赚取财富，买大房子、买豪车，赚钱买一切我们以为得到就会幸福的物质，后来却发现，我们只是赚到了物质上的富裕生活，却根本赚不到幸福，因为幸福就是一种感觉，一种平和宁静、知足常乐的感觉。

一个没有幸福感的人，即使赚到再多的财富，也不会幸福。而一个赚不到很多财富，却充满幸福感的人，无论在什么年纪，过着什么样的生活，他依旧会感到幸福。

原本物质和幸福是不冲突的，跟贫富也毫无关系。但问题是，我们常常误以为赚取到更多的财富就会得到幸福，其实幸福真的只是一种感觉，你摸不到，看不见，只能用心才能感受到。

幸福是一种感觉，就跟喜欢一个人的感觉是一样的。他条件再好，可是你不喜欢也枉然。他条件再差，但如果你喜欢，拦也拦不住。你说不出为什么要跟他在一起，但你就是喜欢，就会感到幸福。

人生最重要的东西是无法估值的

01

生活在这个日益功利化的社会，什么东西都会被估价。比如你去菜市场买菜，即便是只抓几根小葱或者香菜，小贩都能想到办法估价，比如再旧的二手汽车，老板都会有办法折算价钱。比如你被安排去相亲，对方总能从你的工作、家庭、长相等方面估算出一个你的综合排位。

世间再难估算的东西，我们都有办法估价。我们想象不出世间有什么东西不能被定价，如果任何东西没有一个价格的标签，世界真的会乱套，但人生最重要的东西，却又常常无法估价。

02

有一次，我在一个古镇上看到一个手工艺人在用稻草编织各种小动物，那些工艺品栩栩如生，生动有趣，于是很多人跑来围观，但那位老人卖出去的工艺品并不多，很多人只是看看而已，新鲜劲儿一过，就走了。

我的左边有一个大概六七岁的女孩，看来是被这些工艺品深深地吸引住了，于是她对妈妈说："我也想要一个。"可是妈妈说："没什么好玩的，这又不值钱。"大概多数人都是这样的想法。不一会儿那位妈妈就拉着小姑娘匆忙地离开了。

没过多久，我又在一个玩具商店里碰到了这对母女，妈妈看着货架上的米奇牌"白雪公主"，立即问女儿："喜欢吗？喜欢就给你买一个。"而这个玩具要三百多元，刚才的工艺品一个也就三十块钱。

这些手工制品没有像那些精致的玩具明码标价，也没有明显的商标让别人第一眼就能识别出它的价格。但是这些手工艺制品背后传承的文化精神和传统的文化底蕴，根本不能用钱来衡量，当然也就无法估价。其实我是多么希望这位妈妈不买它的理由是不喜欢，或者其他什么都好，而不是因为它不值钱！

03

我曾去过一家餐馆，这家餐馆从招牌到菜品都充满了古色古香的味道。店名也十分文艺，叫作一缕青烟。碗筷是清一色的青花瓷图案，我选择坐在了靠窗的位置，还可以清楚地听到窗外鸟鸣的声音，当然菜品也是不负店名，清淡且精致。

前来就餐的人特别多，可以想象这家餐馆经常是一座难求的，而最先被占的位置大多是靠窗或者特别向阳的地方。旁边来了一对上了年纪的夫妇，当服务员递上菜单后，妇人嘀咕道："同样的酸菜土豆丝，同样的口味，在对门的餐馆，比你这儿便宜了十块钱。"服务员连忙解释道："我们家店环境比对门的餐馆好。"妇人立刻回了一句："环境值多少钱？"

以前我们吃饭讲究吃饱就行。前几年，我们开始注重舌尖上的好味道，而如今，人们吃饭看环境。在同等价位，或者说在合理的增幅条件下，环境好的餐馆，客流总是络绎不绝。也许有人问，桌上摆上几盆绿植红花，屋顶檐角高翘、精微砖雕，矫情地倒弄一番文艺范出来，能值多少钱？

你没办法从一盘青菜萝卜的价格中分出有多少成本是属于环境的，而且环境无法估价，它不能像其他商品一样能拿来交换真金白银。但正是这无法估价的环境，才是一个餐馆生意红火的关键点。

04

生活中常常会听到在金钱、地位上门不当户不对的情侣们，接受父母的质询这样的事情。大人们问她为什么非要喜欢这个臭小子，她会说，他人品好，对我好，会照顾我，等等。这时，大人们就会反驳，人品值多少钱，对你好值多少钱，会照顾人又值多少钱？当你肚子饿了，人品能当饭吃吗？当你想买好看的裙子、新款的包包，他对你好能当钱吗？好像很多女孩子，都被问过这个问题。

几年前，新闻曾报道过一个故事：十年前周方南通过别人介绍认识了女方，两人喜结良缘。结婚后才知道妻子患有癫痫病，但他没有退缩，反而和妻子相依为命，无微不至地照顾至今。他说，娶了她，就得为她负责。

在蒙阴县高都镇李官庄村有个名叫郑兰梅的妇女，近二十年来，丈夫重病缠身，她不离不弃，用柔弱的双肩扛起了生活的重担，不仅为丈夫求医问药、抚养两个女儿，而且还要独自照顾偏瘫的婆婆。她说，只要家还在，再苦再累也要坚持。

很多在最危难的情况下依然对爱人不离不弃的人，正是当初那些“一文不值”的人。而往往是那种仅以门当户对或任何可衡量的物质为主要结婚条件的家庭，当有一天门户不再相当，容颜不再美丽，家境不再殷实，生活中遇到一些风浪，关系便会立刻土崩瓦解，从而分道扬镳。

但人们常常只会假设自己在一帆风顺的情况下，用金钱去衡量爱的价格，并没有考虑将来有一天卧病在床时，真正起作用的是爱，爱本身已经是无价之宝。

爱你的人不管有无重要的身份地位，无论你处于任何环境之中，他们的爱就如钻石一般，不会因为时间的磨损和岁月的摧残而有所变质。

人生太长，长到需要在二十岁的时就要考虑到八十岁的安定生活。人生也很短，短到只有一生可以用来跟自己所爱的人在温暖的时光里，过上自己想过的生活。

到了后来我们才会渐渐懂得，人生最重要的东西是无法估值的。

你一定要努力，但千万别着急

01

白朵是我的一个朋友。她超级喜欢画画，梦想当一名画家，也曾年少轻狂不顾一切地北上寻梦，也曾辗转回家创业开办画室。但是仅仅为梦想努力了几年，在她脸上就再也看不到意气风发、斗志昂扬的精气神了。

她责怪现实太残酷，说自己无法再为了这个不切实际的梦想而荒废青春。于是，年初她的画室再也没有开门。她的理由无非是没有足够的财力、时间和机遇，就算再去为画画进修，她的艺术造诣提升的空间也有限。

在之后这几个月的时间里，她又做了些什么呢？无非是三两天朋友小聚，四五日出门采风。她发现，不仅放弃了梦想，而且没有足够的财力和时间用来享受生活。很多人就这样轻而易举地放弃了梦想，碌碌无为，不咸不淡地将青春的寿命定格在了二十几岁的年纪。

大多数人，刚练习写两天毛笔字，就想要刚劲有力的笔锋；刚去了一天健身房，就想甩掉全身赘肉；翻了几页名著，就认为自己学富五车。这个社会正在传播着这样一种所谓的立竿见影的成功学观念。只要失败，立马怀疑自己是不是追求了错误的东西，胆怯而不自信。

梵·高，荷兰后印象派画家，在他那短暂的三十七年生命中，就有十年时间不断地在为他的梦想努力。直至死亡，他也未能亲眼见证自己的成功。但这十年的“失败”，一次又一次地坚定了他的信念。

02

驰风，是我的小学同学。高一时他如愿以偿地出版了一本诗集，但当时的小成功，仅仅被他认为是不痛不痒的安慰而已。他的生活并没有因为出版那本诗集而改变。因为家庭的原因，高二开学后他的父母就不再让他继续读书了。

去年听他说，他正在酝酿一部散文集。为了对抗贫困的家境，他白天在偏僻的建筑工地上做着类似民工的工作，晚上依旧坚持不懈地为他的梦想而不断努力。从小学四年级认识他开始，他就是一个特立独行的人，常常不顾旁人另类的眼光，吟诗作赋，摇头诵读。坚持了多年，他在诗歌的道路上并没有太过耀眼的成就。

去年同学聚会，班主任问起他的近况，一些爱嚼舌根的女孩子略带讽刺意味地说，当年的“诗人”，现在的生活也不过如此，他也并没有因为高尚的理想而赢得物质上的充裕。但班主任却说，一辈子那么长，若他一直在努力，最坏的结果无非是你们年轻有为，而他，老有所成。

一个生活不尽人意的年轻人，尚且有时间和耐心，沉淀梦想，学会等待，而我们却为了即刻的满足感和虚荣心，祈祷只要在梦想的起跑线上，就立刻能看见终点线。为什么年复一年的努力，仍旧得不来想要的结果？是因为梦想还欠一点东风和火候，你要放弃在你心里作祟的功利心，还要持续努力和坚定信心。

03

玛丽王后，乔治五世之妻，现任英国女王的祖母。从二十四岁开始直至八十六岁高龄，用了近六十一年的时间，从公爵小姐至王妃至王后至王太后，再到太王太后，前后历经了六朝，用毕生心血才巩固了温莎王室的政权。二十四岁时，她正准备嫁给乔治五世的哥哥艾伯特·维克，但他却意外死于肺炎。之后她嫁给了乔治五世，六十九岁时丈夫去世。同年，大儿子爱德华顺利继承王位，却在年底自动宣布退位。虽然二儿子乔治六世在她的扶持下平稳地过渡到了二战时期，却在战后因肺癌不幸离世。玛丽太王太后用生命的最后一丝余力帮助孙女伊丽莎白二世顺利登位，最终在加冕礼前十周逝世，享年八十六岁。即使是全世界最尊贵的女王，也要被岁月的刀刃反复打磨和敲击。女王都用了近六十一年的时间才取得最后的胜利，你对梦想又何必如此着急？

无论是平凡的人还是名人，或者是被我们认为特别厉害的那类人，他们的任何一种成功都不是一蹴而就、信手拈来的。

电影《肖申克的救赎》里有这样一段话：“希望是美好的，也许是人间至善，而美好的事物将永不消逝。”只要活着，一切都有希望，你只会一时失败，但绝不能以偏概全地断定自己会永远失败下去。

不要着急，世上没有立竿见影的成功。我们只需坚信：万般皆在土，各自等时来。

通向理想的途径往往不尽如人意，而你也会受尽磨难，但是，你尽管去争取，理想主义者的结局会是悲壮的而绝不可怜！

当你做完选择后，千万不要去怀疑自己

01

朋友大学毕业后，一直纠结于先考研还是先就业，最后她选择了考研，可是刚决定考研的第二天，她就打来电话问我是不是选错了，因为她发现班里选择考研的人就那么几个。

一年以后，她顺利地考上了喜欢的学校。过了三年，她又面临一个选择，是选择留校任教还是选择到社会上找工作，如果留校任教，工作会非常轻松，而且对于一个女孩子来说，有个稳定的工作是最好不过的了。但如果留下，她就会失去在外工作所带来的新鲜感和刺激感。经过一番纠结，她还是决定留校，成为唯一留校任教的毕业生。

可刚在学校工作不到一个月，她又告诉我，她很迷茫，她不知道她的选择是不是又错了？因为留校任教并没有她想象中的那么好，每天的生活就是反反复复地上课又下课，而且同一个问题也要被反复验证和教学很多次，她觉得一点儿意思也没有，生活没了激情也缺乏热情。

我们总是在刚做完选择后就开始怀疑自己，总是在踏出第一步的时候就怀疑当初是否选错了起点，似乎根本就没人会在二选一的选择题里找到真正的底气和自信。

02

我也常常陷入一做完决定就怀疑自己的情绪里。比如我选择了在大城市工作，可是每到周末回到小县城过上那种慢生活，就会怀疑自己当初是不是选错了；比如我刚剪短了头发，转念又想，是不是长发更好看；比如我决定年假去苏州旅行，刚上了飞机，就会想还是北海好啊。

生活里有无数个这样的选择，无论你怎么选都会留有遗憾，于是我们在每个选择的优点里迷失了方向，而忘了它们其实都有各自的缺点。当你选择时，如果带上优缺点一起去比较，或许就不会久困于选择综合征里了。

03

不知道你有没有这样的感觉，读书时，对于自己拿不定的题，如果你第一选择是A，可是刚选了它，你又会改成B，最后老师公布正确的答案就是A，于是你后悔了。

毕业后，你本想选择去创业，可是周围人告诉你还是先找个稳定的工作要紧，可真选了后者，你才发现竟然有那么多人都创业成功了，于是你又后悔了。

谈婚论嫁时，你本要选择初恋女孩，可你却偏偏在世俗的舆论里选择了另一个女孩，直到两人相处以后，你又感叹要是当初选择初恋，一定会过得比现在好。

可是，你或许不知道，无论哪一种选择都有不可复制性，也不可从头再来。人只有一次生命，绝无可能用实践来证明假设，假设你当初选了A，假设当初你去创业，假设你选了心上人做身边人……因为你永远不可能知道被自己的感情所左右的选择，到底是对还是错。

如果当初你选择了A，你最多赢得了那道题的分数，但那是你蒙对的，你根本就不知道为什么要选它，所以即使选错你也不用后悔。

如果当初你选择了去做自媒体人，你也许会收获很多物质上的财富，但是你根本不知道这份工作常常是以牺牲健康为代价，需要你每天不足四小时的睡眠为代价，所以即使你选错也不用后悔。

04

米兰·昆德拉在《不能承受的生命之轻》里有这样一段话：

人永远都无法知道自己该要什么，因为人只能活一次。既不能拿它跟前世比较，也不能在来生加以修正。没有任何方法可以检验哪种抉择是对的，因为不存在任何比较，一切初体验仅此一次，不能准备。

人的一生中会面临很多选择。有些选择可以更正，有些却不能。对于可以修正的错误，我们当然可以轻轻松松地从头来过，但对于一些不触及法律、不触及道德底线的选择，既然选了，就勇敢地走下去。

勇敢是什么？是当你选择了自己想要的生活，并且还未开始就已经知道自己会输，可你依然要去做，而且无论如何都要把它坚持到底。

当你做完选择后，千万不要去怀疑自己，因为人生仅此一次，选你最想走的路，读你最爱读的书，爱你最想爱的人，然后畅快淋漓地去过好这一生！

我们宁可在路上失败，也不在起点成功

01

偶尔，一个人，一副耳机，手舞足蹈。一条街，一双脚，轻快行走。窗内的自己，欣赏着窗外的别人。平凡的生活，给了我们精彩的世界。

首先，谈谈我所认识的两个平凡而快乐的朋友吧。

朋友甲，总是对任何事情都兴致勃勃。她热爱英语，读书的时候就幻想当一名外交官，用流利的英语征服世界，仿佛英语就是她的全部。

大家都以为她对英语的痴迷程度只是一时兴起，可是在接下来的几年里，她一直保持着热爱英语的习惯，那些最初的怀疑声和嘲笑声，都不能阻挡她内心纯真的喜爱之情。

为了提高英语水平，她想了很多办法，常见的看英文电影、跟外国人对话、参加英语竞赛，她都一一尝试。我们不了解她究竟在这份执着里倾注了多少辛劳，但从她的目光中可以找到最简单的快乐。

朋友乙，是我从小学到高中的老同学。她热爱写诗，狂热地追求自己的梦想。

同学们羡慕她的才华，不过也心生嫉妒：她只是在小小的圈子里显得那么优秀；她只是还未走出学校，没遇到真正的高人；她以后也许会随着年龄的增长才华尽失，她不过是个普通人，不要有非分之想了。

等到读大学时，我和朋友乙就分开了。大二的暑假，她找到我，给了我一本书，那是她自己的作品集。后来，我在新华书店又看到她的那本书时，内心的激动不言而喻。

不久前，我联系她，她说她的下本书正在筹备中，除了祝福，我更钦佩她这么多年的坚持。

现实中，朋友甲和朋友乙任职的工作，发展并不是很理想。甲的工作跟英语没有任何联系，乙的工作也跟写作毫无瓜葛。但是，她们从未放弃追逐自己的梦想。

很多人都想成为电影明星，可真正的明星，总是那么少。但是，在不影响我们正常生活的前提下，我们还是可以继续坚持梦想的。凡人的梦想是什么？是坚持、是信心、是光芒、是铆足劲去努力。

02

凡人的快乐，也许是一份愚公移山似的执着。他不会像聪明人那样精确地去权衡得失，也不会像傻子那样什么都不在乎。正是因为我们平凡，所以我们永远相信，再努力一点，乐观一点，积极一点，总会“千磨万击还坚劲，任尔东西南北风”。

快乐其实不仅是一种心态，还是一种习惯。即便你执着的梦想最终是错误的，但是我们宁可在路上失败，也不想在起点成功。

如果谈得严肃一些，生就是开始，死就是结束。过程中，我们所有的快乐与痛苦，我们所有放不下的人和事，都只是充当了过客。一缕青烟后，没有人会在乎你的自尊名望、你的成败、你的功过，除了英雄烈士和凤毛麟角的一小部分人会流芳百世，其他的人都是普通的大众。生也是一种缘分，就让我们在这美丽的缘分中，努力活成我们喜欢的样子，少些遗憾，多些经历。

03

有一天，朋友甲发来一条短信，四个字：永不放弃。我也回复她：永不放弃。我知道她是在表达对英文的热爱，她也知道我在表达对文字的眷恋。

凡人为什么会快乐，因为我们仅仅是凡人，所以不顾忌流言蜚语，不顾忌年龄精力，怀一颗赤子之心，去追求所谓的可能与不可能。

你的梦想这么大，怎能不受点苦呢

01

我有一个同学，家里条件很差，但他从小就立志做一个真正的诗人。他写的诗情感饱满，语言简练，意境深远，确实有当诗人的潜质。

我们读书那会儿，有一个中秋的夜晚，为了找到那种思乡的情感，他居然一个人待在教室里寻找灵感。当巡楼的保安上楼锁门检查时，他藏在讲台下不让自己被发现。

那晚，他一个人被反锁在教室里，写出了一首别具一格的诗，最后还发表在了家乡的某刊物上。

大学期间，当人人都忙着社交活动，忙着谈恋爱时，他常常一个人独来独往地忙着写诗，还写了一本诗集，并且自费出了书。

那次出书他花了一万多块钱。对于当时的他而言，那已经是一笔天大的数字了，钱不够，他就每天打三份工，整整用了两年才还完。

那时候我们不太明白他为什么总是自讨苦吃，为什么总是与命运相抗衡，为什么总是那么爱折腾。

直到去年，他又发表了自己的诗集，但这次是一个当地比较有名的出版社主动联系约稿，而且这本书的销量还非常不错。

你想要享别人不能享的福，就要吃别人不能吃的苦。

有很多艰难的日子，我们并不知道吃这些苦有什么意义，仿佛这一切都找不到希望，都只是为了苟且地生活。

可是在那些最苦的日子里，你会发现自己就像一朵花一样散发着芳香，感染着别人，也感染了自己。当你足够努力时，你才会足够幸运。

成功有时候是我们无法预知的，也是无须刻意追寻的，因为在那些为了梦想而奔波劳累的日子里，它就已经悄悄地藏在了你身后。

02

我的一个同学特别喜欢摄影，他的梦想就是当一名摄影师。他要捕捉世界上的动物、人物、自然景观等所有最美的瞬间。

为了买好一点的摄影器材，他从来都不会吝啬自己的零花钱。为了积累更好的摄影经验，他几乎把自己所有的业余时间给了摄影。

为了省钱和省精力，直到现在他也没谈过恋爱。因为他要把所有的心思都放在他的才华上。

他被很多人嘲笑是一个疯子，因为要真正成为一个专业的摄影师是一件很困难的事。

他为了增长经验，常常去各大影楼当婚纱摄影的义务跟拍，一到周末就忙得不可开交。

因为常年用肩膀扛摄影器材，他年纪轻轻就得了颈椎病，肩膀常常痛得厉害，但不管多难、多累、多苦，他都毫不懈怠。

这个世界上有梦想的人，很多很多。

也许你有天生的好嗓音，你可以当歌唱家。也许你有独特的鉴赏能力，你可以当艺术评论家。也许你有柔软的身体，你可以当舞蹈家。

但这一切天生的优势只是上帝赐予你的美好的开头，至于能否实现梦想，续写人生的辉煌，还要看你能否吃得了苦，受得了旁人的冷落和排挤，甚至是一个人独自度过无数难熬的夜晚。

03

有梦想的人是什么样的人？

有梦想的人，就是那些当你还在睡懒觉时，他们早早就起床练声、练舞姿、练书法的人；有梦想的人，就是当你还沉浸在手机里时，他们却在读书、画画、写诗的人；有梦想的人，他们耐得住寂寞也守得住孤独。他们知道只有吃得苦中苦，才能顺利实现自己的梦想。

当你在羡慕为什么别人能有今天的成就，为什么别人能轻松自如地过着想要的人生，为什么别人就能圆梦时，想想自己是否在该吃苦的年纪，选择了安逸。

年轻人，你为什么总是那么纠结

01

朋友A，最近瘦了好几斤。一看她那魂不守舍、担惊受怕的样子，我就知道她肯定有心事。一问才知道，原来让她寝食难安、如此纠结的是她的那个异地恋男友。

她纠结的事情可多了：

第一，要不要辞掉城里的工作，跟随男朋友到农村。他男朋友在某村镇上的银行工作，目前肯定是调动不了的。她若辞掉了工作到他那儿去，若不能找到跟现在一样薪资待遇的工作怎么办？

第二，因为他是家里的独子，父母又退了休，她如果跟他在一起就一定会跟他父母在一起住，万一到时候跟他父母相处不好怎么办？

第三,万一嫁过去以后他变了心，或者不如谈恋爱时对她那样好，她一个人在异乡无亲无故又怎么办?

她反复问自己，到底要不要继续跟他在一起?如果继续在一起的话，她会牺牲很多，不在一起的话，又觉得心里放不下，于是就这样每天纠结着。

人年轻的时候，特别容易迷茫和纠结，似乎每一件事都像一个无形的漩涡一样，你的每一种选择都会让你越陷越深。无论怎么取舍，你都无法在单项选择的题目里，找到一个最满意的答案。

纠结，是因为有过剩的欲望和贪心。而这样的欲望会让你什么都想要，什么都不肯放。你想要一个爱人，但你只想要他对你的好，而他不好的部分你又想通通摒弃，或者不肯为他做哪怕一点点自我牺牲。

02

一位读者问我，她到底要不要跳槽。她现在的工作比较轻松，事情也较少，但工资低。而她想去的那家公司，工作压力很大，每天都像在战斗一样，但待遇不错。

我以自己的拙见告诉她，应该根据自己的实际情况，选择一个最适合自己的工作，并且选择后就要立足本职工作，千万不要这山望着那山高。

她又说，她很纠结，她其实要求不高，就想找一个工资不算太低，工作不算太累，压力不算太大的工作。这样的工作，你上哪儿找啊，姑娘？

她所谓的要求不高其实用一句话就可以概括：找份既轻松又稳定的工作，如果还能拿份高工资，那就更好了。

虽然这样的工作还是有的，但目前的你根本没有这样的实力，你不过才初入职场几年而已，还嫩着呢，所以你纠结也没用啊。

当你真的成为某个行业的专家或者骨干，到时候自然就会有更多的选择在你手里，钱多事少离家近的工作才会自然而然地送到你面前，任你去选择。

如果你暂时还没有这样的底气，那就认真做好当下的工作，你不能什么都想要，而自己又没有足以支撑任性和欲望的资本。

03

C姐，也曾在家庭和事业二选一的抉择里纠结。

工作方面，领导很看好她，所以才放心地把异地的一个项目交给她来做。家庭方面，老公不想她走太远，夫妻分居两地总是不太好。婆婆更是百般阻拦，再加上小区里的那些闲得没事干的老人，每天在老太太面前嚼舌根：“你看你儿媳妇整天都不在家，万一跟人跑了怎么办？”

她也曾经因为此事而纠结了很久。不过最后，经过她几年的努力，终于平衡了这样的关系。

工作方面，她努力干，争取把工作干好，不辜负领导的期望。家庭方面，为了更方便回家，她学了驾驶，一有空就自己开车回去。

为了宽慰婆婆的心，她升职加薪以后，每年都给婆婆安排两次出国旅行。而且每次回家都大包小包，带着给老公和公婆的礼物。

她说，其实家庭和事业根本就不可能真正两全。而那些看似把两者处理得恰到好处的女性，无非是在一项选择里积攒了更多的底气和实力，来弥补另一项的不足。

当你纠结时，其实很大一部分原因是你在心理或者生活上还不够强大，当你逐渐成长起来时，你会发现你纠结的事会越来越少，一是因为心态逐渐变得平和，二是你有了更多的阅历和经历去支撑你的选择。

04

让人纠结的事情很多。因为我们总是无从选择。

其实每一种选择的利弊你都很清楚，你只是不愿意去选择，或者没有勇气选择，你总是太贪心，以至于总把眼界放在眼前的一个小小的选择上，你总想事事顺遂，又不想吃苦，更不愿意为了自己的选择而去努力，所以你才会纠结。

每一种选择似乎都是那么的难，那么让人纠结，但每一种选择又是那么简单。当你的实力不足以撑起你想要过的生活时，唯有放下纠结，踏实做人，踏实做事，立足当下，安分守己。

试图得到所有的人，最后往往什么也得不到。因为不论你怎么纠结，你也不能在两条相反的路上同时行进。

当你能控制住超出你目前能力的欲望和贪心时，当你有了实力和底气时，你就不会在如花般的年纪如此纠结了。

年轻人，没事儿请别老去纠结。因为青春是用来挥洒热血追逐梦想的，而不是用来纠结的。与其将大把的时间用来纠结，还不如把它用来拼搏。

你的眼界，决定你的全世界

01

有一次，我陪三岁的侄女到郊外游玩，路过一条小河的时候，她两只手撑着下巴，就像是一朵盛开的花儿，兴奋地喊了一句：“哇，大海。”

我很奇怪，侄女怎么就把一条小河认成了大海。我姐说，有一次侄女路过一条河，问我姐那是大海吗？我姐就随口答了一句，“是”。结果每次碰到这样的小河，侄女都会说成是大海。

看着她当时那开心的模样，我突然有所思考。侄女年龄虽小，但我姐也带她去见过真正的大海。只不过，她平常生活里遇见的最多的还是这样的小河，于是一个小孩子在潜意识里就认定了小河就是大海。

当然孩子还小，这个世界对于他们来说还是陌生的、新鲜的。但反观我们成年人的世界，又何尝不是把眼前的“小河”当成了“大海”？

我们眼睛所能看见的范围，我们脚下所走过的路，我们所遇见的人，我们所经历的世事，其实就组成了我们的全世界。而我们的全世界并非全宇宙，而只是我们的眼界和视野。

02

去年有一个朋友辞职了。按理说，她目前的工作不算累，几乎不加班，有双休日，工资不低而且准时发放。众人看着挺好的工作，她说辞职就辞职。

她现在已经到了一个不能随意任性的年纪，因为她结了婚，有了小孩，还有一份稳定的工作，这样的生活通常被认定是女性最好的状态。

她准备辞职前跟我聊过，我问她，辞职后干什么？她说回老家办个数学培训班，教孩子们知识，顺便还能赚钱，同时也间接地实现她儿时的梦想，不能当一个数学家，就当一个教数学的老师。她在大学里学的专业就是数学，也考取了教师资格证。

可是办培训班哪有那么容易，我们都以为她肯定是闹着玩儿的。没想到，已经快一年了，她一直坚持着这个工作，而且把培训班办得有声有色，得到了很多家长和学生的认可，正准备明年开一个补习班。

朋友说，她跟很多人一样，当初也以为自己过的日子是当下年轻人中最好的，直到她离职前听了一场讲座。

讲课老师讲了一个隧道视野效应：一个人若身处隧道，他看到的就只是前后非常狭小的空间。若一个人长期生活在这样的隧道里，就如井底之蛙，你以为抬头见到的那片天就是全世界。

你的眼界决定了你的全世界，于是你就会觉得无论怎么努力，一辈子也就这样了，于是你不再折腾，不再努力，每天浑噩度日，全世界也就只有你每天上班、下班，接送小孩上学、放学的距离。

03

其实每个人都活在各自的井里，只是这口井有宽有窄。有人愿意为更广袤的视野而奋斗，而有的人只能安于现状，死守一口井终老一生。

《天堂的电影院》里有一句话：“你不出去走走，就以为这是全世界。”你不出去看看外面的世界，你不拓宽自己的视野，你不去遇见更好的人、做更好的事、读更好的书，你就真的以为当下这还算过得去的毫无生气和梦想的生活，就是你的全世界。

也许我们没有“世界那么大，我想去看看”的能力，也没有把环球旅行当作人生终极目标的魄力。也许我们一辈子也无法游遍国内的城市。但也并不是等我们有了钱，有了时间，有了精力，到了很多不同的地方后，我们就能拥有全世界。

有的人一辈子去过很多地方，也只能叫作旅行，而不是见了世界。而有的人一辈子都待在一个地方，却看见了全世界。

井里的人啊，重新燃起你对生活的希望，重新拾起你对未知生活的渴望，鼓起爬出井外的勇气吧，只有你的眼界拓宽了，你才能摆脱井内的宿命，也才能真正地拥有全世界。

成为更好的自己，迎接远道而来的你

01

2013年，是刘哥最难的一年。在这一年，看似感情很好的父母突然就离了婚，连女朋友也跟他提出了分手，所有不开心的事就像提前商量好的一样不请自来，让他措手不及。更让他痛苦的是，他听说女朋友年底就要嫁人了。

他跟女友感情一直很好，即便是他在家无所事事的那段时间，她也从未想过要分手。她总说，男孩子嘛，总是要晚熟几年的，所以一直在等他成熟。五年以后，他依旧没有丝毫改变，依旧是个啃老族，整天好吃懒做，于是她果断地选择了分手。

有人说，不经历一些世事，人就不会立刻长大，尤其是男孩子，总是比同龄的女孩子要晚熟一些。可就是因为有所经历、有所失去以后，生活才会逼迫着你努力，正应了那句话，不逼自己一把，你真的不知道自己居然这么优秀。

经过几年的艰辛努力，刘哥已经能独自支撑这个家，也拥有了前女友当初所要求的那个成熟懂事的男子汉形象，可她已经不再属于他了。

当我们调侃他，若是早些醒悟就好了。他说，没关系，既然已经错过了一个人，吃过了一次亏，就更不能走弯路了。现在的他一样要修炼好自己，以便下一个“她”出现时，他能坦然且坚定地迎接她。我们最常犯的错误就是，在正确的时间好不容易遇见了正确的人，最后却因为自己不够优秀，不够努力，不够珍惜，而被迫放开对方的手。

成为更好的自己，才能配得上你喜欢的人，也才有能力张开双臂去迎接你喜欢的人。

02

有个读者跟我说，她的职业生涯就是一连串的悲剧。她大学刚毕业那会儿，看上了当地一家不错的单位，经过层层严格的笔试和面试，直至最后政审资料时，她却拿不出毕业证，要这家单位再等她几个月。原来她读大二时，因为贪玩儿整整休学了一年，所以毕业也就推迟了一年。那家单位对应聘者的资料审核非常严格，因此，那一次大好的机会，就这样被白白错过了。

后来，她拿到了毕业证，进入一家公司埋头苦干了三年。

由于她的综合能力还不错，公司方面准备给她一次竞选副总监的机会。可是，她还没来得及高兴，就败下阵来了。原来竞选副总监的要求里有这么一条——必须具有对口专业中级或者中级以上的职称。而她整个大学四年，由于贪玩儿，考了几次都没考过，自然就失去了这次竞选的机会。

职场上，其实处处有机会，处处有伯乐，只是做任何事都要讲究基本条件，也就是我们所谓的门槛，这样的门槛表现在现实生活里，就是学历、经验和一些特殊的技能。

我们常常听到周围的人说，要是你有什么证书，或者有个什么学历就好了。即便你再有能力，但有些好工作的首要条件就是学历，暂且不论这是否合理，但你不得不承认，很多人吃的亏，都是因为只差那么一两个看似无足轻重的条件，最终与好机会擦肩而过。

03

世界上最让人心痛的四个字就是，我本可以。我本可以努力考上更好的大学，我本可以跟最爱的人携手一生，我本可以大展宏图。可再多的“我本可以”，都敌不过一个“但是”。

成为更好的自己，这句话几乎已经是陈词滥调了，可我还是想要告诉你，只有你优秀了，你才能够迎接远道而来的她。这个她，可以是你爱的人，可以是你爱的工作，也可以是你爱的生活，她代表一切你想要的人和事。

我希望有一天，当它来临时，即便你会因为其他原因而与她失之交臂，但我想最不能容忍的就是，在本该成为最优秀、最好的自己时，你只能选择遗憾和后悔，却未曾为“它”做过一丝努力。

NO.4

与世界相拥，找到属于自己的归属感和安全感

最伤人的不是你的拒绝，而是你多余的解释

01

去年芳儿勒紧裤腰带买了一套房，她的一个朋友许诺："如果你明年装修新房，钱不够的话，我可以借给你，我手头正好有结余。"

芳儿是个极度保守主义者，从小就被灌输一种思想：不到万不得已不要麻烦别人，也不要轻易跟别人借钱。因为钱可以还，人情还不了呀。她现在已经是奔三的人了，竟然从没用过信用卡，不是因为她不缺钱，而是因为她有这种根深蒂固的老观念。

今年新房一到手，芳儿就确定了装修风格，然后给去年许诺帮她的那个朋友打去电话求助。原本以为应该没什么问题，

结果朋友接到电话后犹豫了几秒说，最近她把手里的钱都买了理财产品，只能等存款期限到了再借给芳儿。

芳儿说："那就算了吧，我跟其他朋友借一借。"虽然芳儿心里有些失落，但借钱这事真不能强求，她也不会因为朋友这次没借钱跟她而翻脸。

几天之后，朋友突然给芳儿打电话说，她可以想办法把银行的钱提前支取出来。但这次芳儿很客气地回绝了，不是因为她现在不缺钱了，而是因为她感觉受到了深深的伤害。

第一，她的朋友可能忘了她曾经当过银行大堂经理，深知理财产品一旦买了就不能随便支取，她的朋友很可能根本就没把钱拿去买理财产品。

第二，她的朋友在她求助时犹豫的那几秒，就足以说明不想借钱给她。朋友现在表现出的落落大方，无非是觉得自己说话不算数良心不安而已。

芳儿说，其实朋友借不借钱给她并不重要，重要的是朋友拒绝她时那多余的解释。

最伤人的往往不是你的拒绝，而是你拒绝后试图做的多余的解释，因为它是那样无力，那样空洞。

02

有一个朋友，特别喜欢她的前男友，但我们分明知道这个男孩根本就不是真心喜欢她，每次不是嫌她长得胖，就是嫌她长得矮，各种挑剔。

前段时间，听说那个男孩看上了他们单位的一个女孩，这个女孩的家庭条件和自身实力都非常强。于是，那个男孩跟我的这位朋友提出了分手，理由是：他觉得自己配不上她，她值得拥有更好的人，他怕辜负了她。

既然不喜欢一个人，那就拒绝好了，但你非要拉上一长串理由来做无谓的解释。其实没人是傻子，你不过是做出了你的决定而已，而不是真的为别人着想。

当你拒绝的态度非常明朗的时候，何必又画蛇添足地说一些理由把自己包装得高大上呢？

你的拒绝已经让人心痛了，而你那多余的解释更让人寒心。

03

朋友终于从公司辞职了，她说，再也不用等老板画空饼子给她吃了。

原来朋友工作一直非常出色，人也很优秀。工作期间，好几家猎头公司想要挖她走。可她顾及一毕业就到了这家公司，很有感情，老板也再三承诺一定给她涨薪，便拒绝了猎头公司。

可是涨薪这事被一拖再拖，转眼一年过去了，老板依然没有什么动静，每次朋友主动提出，老板就以各种理由推脱，这次知道朋友铁了心要跳槽，老板急忙安慰道："其实我也想留你，可是公司经营状况不允许，等允许了我再高薪聘请你回来。"

其实她的老板原本就是一个很吝啬的人，既然拒绝涨薪的要求，那大家就各自做选择，又何必编造理由一拖再拖呢?

也许有人会说，这是拒绝人的说辞，人之常情，可正是这种每次在拒绝他人的请求后多余的解释，最伤人。

大多数人并不是不接受你的拒绝，而是接受不了你拒绝后所做的那些虚伪、生硬、不切实际的解释。

其实大多数人都不擅长如何拒绝别人，因为拒绝本身就自带伤害，无论你如何自圆其说，它总是不可避免地要得罪人。

既然客观事实已经存在，并且自己不擅长撒谎，又不擅长为自己辩解，那就干脆不说，洒脱一点。

时间很宝贵，相处要干脆

01

同事Z是个性格直爽的人，她高兴或不高兴，喜欢或不喜欢，你都能从她的表情直接看出来。她对一件事满意的话，她会明说，不满意的话，她也会明说。

有一次，因为过节分发大礼包的事情，我们之间产生了小小的误会。那次是我在负责这件事，礼包被送货公司搬运到楼下门卫那里，我让她提前下去提一下她的东西。因为我觉得如果人人都把东西放在门卫那里，都等着下班去提，很容易弄丢。她二话不说，就下楼把属于自己的那份大米和粮油搬了上来。

结果不知道中途是谁听我说了一句“她提前把东西搬上去了”，于是就在她面前告了状，说我背地里说她坏话。而我的意思是她很配合，提前把东西拿上去了，听者以为我含沙射影说同事Z太心急，大家都没动就她把东西提上楼了。

碰上这样的事，如果是其他女孩子，大概就不再理我了，而且会越想越生气。她会想，明明就是我让她去拿的呀，没想到却是个“圈套”。

同事Z知道后，当时也非常生气，但她没有不理我，而是直接问我：“思圆，你对我有什么不满意的地方吗？”当时我完全是丈二和尚摸不着头脑，问她怎么了？然后她就向我说了这件事。

后来我给她解释说，我只是无心地说了一句，根本就没有其他意思，完全想不到这句话被曲解成这样了。听了我的解释后，虽然她没有马上释怀，但她说她相信我说的话。然后这件事，就在我们之间烟消云散了。

跟一个直爽的人相处，也许会有误会，也许会有摩擦，但是她不会磨叽，也不扭捏，有什么就说什么，通常只需要彼此说几句，就可以把事情表达清楚，这样的相处省时、省心、省力。

02

生活中有一种人，他们总是纠结“究竟是谁的错”这个问题。

一个读者告诉我，她是一个行政人员，分管公司的法人公章，她们公司旗下有很多分公司，加起来大概有二十个章。有一次她的同事要借章出去办事儿，中间不知道是她没听清楚还是同事没看仔细，反正就是到了办事处才发现拿错了章。

于是那个同事不停唠叨怪她不小心，怪她让自己白跑一趟，本来这件事就不太能分得出谁对谁错，但想着同事毕竟还是最受委屈的，还要再跑一次办事处，于是这位读者就主动承认了错误，让同事回来换章。

结果，她的同事就来劲了，各种唠叨，在电话里说了将近一个小时，才抱怨着回来，等回来换了章再到办事处时，办事处已经下班了，于是同事又是各种怪罪。

如果当时她的同事直率点，别唠叨那么长时间，应该能及时回来换章，这件事就很容易弥补，结果自己在那里闹情绪，最后不仅事情没办成，还伤了彼此的和气。

03

每个人的时间都那么宝贵，每个人的生活里本来就充满了鸡毛蒜皮、柴米油盐的小事，但你若长困于不好的心态，你的生活只会围绕在一地鸡毛里，当别人跟你相处时，也会觉得特别累。

人与人之间的相处其实是一门艺术，这门艺术很简单也很复杂。对于干脆的人来说，无论遇到多复杂的事，也会让人觉得跟他相处很简单。而对于纠结的人来说，无论遇到多简单的事都会让人觉得处理起来特别复杂。

首先，每个人都有性格上的缺陷，能力上的不足和情商上的局限。当你捏着别人犯的一个小错不放时，换位思考，如果犯错的人是你，你心里会好受吗?

再者，你遇到的事大多也没困难到解决不了的地步，你只需从错误中走出来，然后去纠正就行。

比如你的办公桌上不小心出现了烟头，虽然你知道是谁干的，但你不用太过纠结，直接扔掉就行，何必要大动干戈，盘根问底地把这个人揪出来，也许你的同事只是无心之举呢?

诗人泰戈尔曾说:“当你为了错过太阳而哭泣时，那你必然也会错过星星和月亮。”

同样，当你因为与他人相处的矛盾和错误而纠结时，你也错过了最好的朋友、同事和伙伴。

时间真的很宝贵，与他人相处时利落点，爽快点，干脆点，才是相处不累的王道。

让聊天有温度

01

你有没有这样一种感受，当你跟身边人说话时，无论是亲人、朋友，还是同事，他们总会一边玩儿手机一边以“嗯，啊，哦”这些张口就来的词语随口应付你。根本就不会抬头盯着你的眼睛，来个眼神交流，安静地听你说完一句话。

如果你很生气地让他们放下手机时，他们会说：“放手机干什么啊，我不正在听你讲吗？”

是的，你确实在听我讲，但我感觉你只是在用你的耳朵听我讲，与此同时你还在用你的眼睛看着手机。

虽然我所讲的内容，你都听懂了，但论情感，这样的聊天方式似乎缺少了一点温度。

02

林姐说，有一天她到宜家买东西，坐下来喝东西时，一个外国人坐在了她的旁边，那个外国朋友说他很想练习中文，想跟林姐聊聊天。

在聊天的过程中，外国朋友几乎是全神贯注地听她讲，即便嘴里正在喝东西，也会放下杯子盯着林姐的眼睛，用心地听她讲话。外国朋友不会无缘无故地插话，即便接听电话，也要先给她说声对不起。

林姐说，虽然只是短暂的接触，但完全能感受到对方对她的尊重，这样的沟通方式，让她觉得轻松愉快，也特别有温度。

林姐说，与之对立的是另外一种聊天方式。比如有一次，她正跟朋友说着话，并且这次聊天的主题都是关于帮朋友的一些事。可当两人正谈到关键的地方时，朋友的微信提示突然响了，于是这位朋友马上拿起手机，一会儿对着手机发语音，一会儿听另一方发来的语音，完全不考虑林姐的感受，就连一句抱歉也没有。

03

而今沟通方式越来越便捷，但能跟我们聊得来的人却越来越少，能交心的朋友也越来越少。与别人交流时，总是感觉对方不值得信赖，自己所讲的别人也没用心听，于是很多话说不出来，放心里久了就不愿意说了。

现在大家工作都很忙，基本是长话短说，能打电话，就不会见面，能发信息就不会打电话，能用微信给你的朋友圈点个赞就不会发信息，于是在越来越嫌麻烦，越来越没时间沟通的生活中，我们越来越找不到聊天的温度。

要建立良好的谈话氛围，让聊天有温度，可以通过技巧营造。

第一，用积极的词语代替中性词。

比如你现在非常忙，朋友又正好找你有重要的事情需要倾诉，但你又不好打断她的时候，你要用“好，行，可以”代替“嗯，啊，哦”。

中性词特别容易引起误会，尤其你的朋友若是女性的话，她们容易发挥自己强大的想象力，会觉得你是在敷衍她们。

人都需要积极的引导，哪怕只是积极的语言也会让彼此的沟通有一个良好的氛围。

所以即便我没有面对面地与你聊天，你也能感受到我的真诚，这样的聊天方式就让人很愉快。

给对方传递一个积极、乐观的语言状态，不要让这些模棱两可的中性词损害了彼此的情谊。

能用一个积极的词语表达的话，又何必用一个中性词让别人去猜呢？因为对于一些容易多想的朋友来说，一旦猜错你的用意，就会让彼此产生误会。

第二，全心全意听别人讲话。

当别人与你聊天时，若非特殊情况，请尽量全心全意地听别人在讲什么，最好不要做其他事情。

试想一下，如果你跟别人聊天，对方一直在翻看手机、查阅文件、照镜子，会不会让你感觉很不舒服？

第三，为了表示在听而不时发问。

很多人听别人讲话，就一直听，不发表意见，也不做任何回应，虽然你在听对方说，可是这种方式会让别人产生错觉，认为你不用心。

如果别人是在跟你讲一个很长的故事，你大可以在每个小节点时问一句“后来呢，然后呢”，虽然只是短短的几个字，却可以在沟通中产生事半功倍的效果。

第四，沟通时，加上别人的最后一句话。

比如朋友说某家店的菜品不错，当你回接你想说的话时，可以尝试加上一两句与这家店有关的话，比如“不错哦，下次有机会我会去尝尝”。然后再说你想说的话。这样会给对方一种你在用心听他说的感觉，也让沟通有一定的连贯性。

第五，当你想要鼓励对方时，不要加上最后那句多余的话。

比如朋友失恋，你可以安慰，但不要加上一句“你怎么看上了这种人”之类的话。

当我们想要营造一个积极的与别人沟通的氛围时，应该建立在自我鼓励和安慰的立场上，而非通过诋毁对方来达到效果。

因为无论你在诋毁谁，自己也会受到相应的伤害。

第六，把握好语气。

跟别人聊天时，同样一句话放在不同的语气里产生的效果是不一样的，比如别人正在跟你分享一件很高兴的事，你却用懒洋洋的语气去祝福他。这比不说话、说坏话还要让人感到难受。

聊天是一件很快乐的事情，可以将快乐加倍，让痛苦减半。同时，聊天也是一个很好的心灵出口，可以将所有积压在内心的情绪通通释放出来。

人人都需要与别人聊天，人人都会是别人聊天的对象。

其实，聊天的温度是可以通过一些技巧营造的，但真正在聊天中给予别人的温暖，来自于你的用心和真诚。

给你在乎的人一些仪式感

01

童姐和她老公结婚已经五年了，她每天早上到办公室的第一件事，就是给老公打个电话报平安。每天中午，她会提醒老公吃午饭。晚上，两人总是要互道晚安才入睡。

很多人都羡慕童姐，说她和老公都结婚这么久了，还跟刚谈恋爱的小情侣一样腻在一起。童姐说，其实婚后两个人的感情也没谈恋爱时那么好了，毕竟婚姻与爱情不一样，婚姻掺杂了太多琐碎的小事，可正因为两人有了如一日三餐般的问候，才让日子过得越来越有味儿，感情也越来越牢靠。

你在乎一个人，总是要通过一些具体的事件表现出来。而生活总是由很多细节组成的，因此，一些看似微不足道的问候，也能体现出你的在乎。

在乎一个人，就要给她生活中的仪式感。这样的仪式感，也许是每逢刮风下雨，提醒对方添衣带伞；每逢烈日当头，提醒对方防暑降温；每逢出差远行，提醒对方注意安全。

因为在乎一个人，是需要表达出来的。它不仅仅留存在心里，还需要用行动表现出来。每日给在乎的人一些温馨提醒和暖心话语，你就会发现，彼此的感情似乎变得更浓、更真、更可贵。

02

晓晓无论走到哪儿，吃了什么好吃的，看到了什么新鲜事儿，都会第一时间与男友分享。

有时候，即便只是一朵形状有些独特的云彩，她也会第一时间拍下来发给男友看。有时候，即便只是在路边摊吃到了特别合胃的炸土豆，她也会第一时间打包一份带给男友。有时候，即便只是看到一些特别的文章，她也会第一时间分享给男友看。

第一时间分享，这真是一件听起来都特别幸福的事儿。当你第一次发了工资，当你赶上了最后一趟班车，你最愿意第一时间与之分享的人，通常都是你最在乎的人。

在乎一个人，也包括第一时间分享你最不开心的事儿。即使有些小感冒、小风寒，你最愿意被谁关心，那个人，才是你喜欢的人。而那个第一时间得知你消息的人，也会感到自己在你的生命里特别重要。

第一时间分享，也是生活的仪式感，它让别人知道，你很在乎对方，也期望得到别人的在乎。

03

周姐三十多岁了，还是那么喜欢过生日。她一过生日就特别激动，从不怕生日又让自己老了一岁，反而特别期待每年这一天的到来。

每到生日那天，周姐都会收到闺密在凌晨发来的祝福短信。此外，闺蜜还会给她寄来一个麦香园蛋糕，口味和大小多年来不曾改变。那是两人读书时，闺密第一次给周姐过生日时养成的习惯。多年以来，无论是两人各自结婚生子还是相隔异地，这份雷打不动的祝福，总会如期而至。

周姐说，正是有了这样的问候和礼物，她才特别喜欢过生日。这就是仪式感，它让你知道，你被人惦记着，被人在乎着，这样的感觉特别舒心。

我们喜欢过纪念日、过生日、过节日，无非就是希望收获一份生活的仪式感，让我们知道被人在乎的感觉真美妙。

04

你在乎谁，就要给谁生活中的仪式感。这样的仪式感，是一种在乎对方的表现。

总有很多的人在平庸的生活里，失去了亲人之间、爱人之间、朋友之间的那份小感动。

其实生活里处处都有仪式感，如果你在乎一个人，就把你的在乎通过仪式感表现出来。

你在乎一个人，就会关心他的衣食住行，那就要学会去问候，去关怀对方穿得、吃得、住得好不好。

你在乎一个人，就会关心他的一言一行、一举一动，那你就要学会多与他沟通和交流。

他开心的时候，跟他一起分享成功的喜悦，他不开心的时候，跟他一起承担失败的痛苦。也许只是一句鼓励和安慰的话，也许只是一个电话或一条短信，却可以表达出你的心意。

给你在乎的人一份生活的仪式感。因为这些看似平凡的仪式感，却能架起情谊的桥梁，让两个人不再有隔阂。

愿每个人都能在生活的仪式感里，找到你在乎的人，也找到那个在乎你的人。

做一个主动的人，既难又不难

01

“相处中主动的必须是别人，否则宁愿错过。”这是华姐的微信签名，已经好几年没变了，而且她也是严格按照这句话跟别人相处的。

华姐今年三十岁了，有次她跟男友产生了误会，而她又不愿意主动解释，于是两人就不了了之了。分手后她一直没谈恋爱，不是没遇到过喜欢的人，而是每次不管做什么事都必须别人主动联络她，这让很多追她的人都感觉很累，最后只得放弃。

在工作中，华姐也是一个非常要强的人，如果同事遇上什么难题，即便在同一个办公室，她也从不主动去帮助别人，非要等到同事来求她。

总之，华姐在任何关系中，都是一个不主动的人，在她的意识里，越主动的人就越没面子，越容易吃亏。

很多时候，我们把主动当成了相处中的软肋，谁先主动谁就输了气场。谁先主动，就代表谁更在意对方。

因此，越来越多的人，不愿意再当那个主动的“傻子”了。

02

有一次，周五下班之后我乘坐地铁回家，快到站的时候手机铃声突然响了。电话是学哥打来的，他问我在哪里，我说在地铁上，然后他说那好吧，就挂断了电话。

我的第一反应是，学哥怎么生气了？在回家的路上，我认真反思了一下，终于找到了答案。

林姐和学哥是我在赶车的路上偶然相识的。学哥爱开车上班，我和林姐经常搭他的顺风车。我们相识一年多了，关系一直很不错。

以前每到快下班的时间，学哥都会在微信上主动联系我们，让我们搭他的车回家，后来由于学哥升职了，工作越来越忙，就顾不上主动跟我们联系了。

周五那天，我们想着这段时间学哥在杭州出差刚回来，而且手头工作又很多，于是一下班我跟林姐就各自走了，也没说打个电话关心一下学哥，问他要不要一起回家，或者说几点才能下班。

后来我想，学哥生气主要是因为从来都是他主动关心我们，而我们每次都给自己找诸多理由，从不去主动关心一下他。

比如去年我去重庆，他会主动打来电话问我识不识路，如果不熟悉路的话，他在重庆的朋友可以接送一下我。比如林姐去泰国旅行，他会主动给林姐提供各类旅行信息和出行小妙招。

我们已经习惯了成为被关注和被关心的对象，早就忘了要去主动关心一下别人。

我们害怕自己的主动换来对方的冷淡，害怕收到对方不温不火的回答，害怕对方其实并不是那么在意我们，所以我们选择沉默。

03

朋友说，她们公司有一个行政人员，她总感觉这个人太过主动，甚至有些傻。

比如每天上班和下班，她都会主动问候每个人“早上好”和“明天见”。

比如谁有个小病小痛，她都会体贴入微地关怀说“多喝水，多休息，少熬夜”，甚至还要给同事讲述一下自己的治病秘方。

比如办公室的桶装水一直是她换的，办公室的卫生一直是她打扫的，每个人的私人快递几乎都是她不辞辛苦送上楼的，而这些根本就不在她的工作范围之内。

她好像从来都没感觉她的这些主动有些多余，很多时候同事们并不想附和她的热心肠，因为他们在职场上冷漠惯了，突然有个人这么主动，确实会感到有些不自在甚至觉得她有什么企图。这两年来，她一直乐此不疲地充当着这个“傻子”。可有一天这个普通的行政人员，居然被隔壁公司挖了墙角，辞职不干了。而在她离开之后，同事们才体会到她是一个多么敬业、多么勤奋、多么乐于助人的好姑娘。

做一个主动的人，有时候是特别难的一件事，被动方会臆想你的主动是否掺杂了其他因素，而主动方会在意你是否会给她一个真诚的回应。于是我们就在这个本来就凉薄的世界，变得越来越冷漠，越来越不主动。

04

做一个主动的人，真的很难。

首先，我们每个人都是独立的个体，都希望得到额外的关心和爱护，如果得不到，那我们也不会主动去付出。

在成年人的世界，付出就要有回报，我主动关心你，不见得你就会主动关心我。而对于不确定的人和事，几乎没人愿意冒风险。

其次，即便你曾经是一个主动的人，若没人理会你或敷衍你时，就如一只手怎么也拍不出巴掌声，你就会失去继续主动的兴致。慢慢地，你也会被这种冷漠虚伪的社会氛围影响和侵蚀。

最后，凡事能主动的人，一般都需要一些格局和胸襟。而对于凡事太计较得失，吹毛求疵的那类人来说，无论如何也不可能成为一个主动的人。

05

做一个主动的人很难，那我们就不需要引导自己成为一个主动的人了吗？

首先，从表层意义开始分析，做一个主动的人会给你带来很多看不见的好处。你主动关心和照顾别人，他们是可以感受到的，也许他们在言语和行动上会表现得有些冷淡，但在心里，他们会对你产生好印象。

其次，越是主动的人越不会真的吃亏和感到没面子。有时候你很想关心一个人，难道就非得要求别人也得给你同样的回应吗？你把你想要传递的爱心传递给你想表达的人，得到的幸福感将远远大于面子的重量。

你表达了你想表达的情感，你才是一点儿亏也没吃，因为心里没事儿惦记，也不用强忍着刻意与谁保持一定距离，这样心里该多舒坦啊。

最后，做一个主动的人，其实最先被温暖的是你自己。赠人玫瑰，手留余香。一个善于给予和付出的人，所收获到的幸福感一定会远远超过她所得到的。

做一个主动的人，既难也不难，关键就看你是否愿意去做一个主动的“傻子”，去收获那些“聪明人”的真心。

我们正过着一种
越来越不容易被感动的生活

01

一个周末的清晨，我跑步到了一个主题公园，公园里有一个很小的池塘，池塘里栽种了一些荷花。

当我拿着手机正准备拍摄荷叶时，突然听见旁边有人兴奋地喊："快快快，过来帮帮我，我钓到大鱼了。"周围的人迅速围了过去，我急忙起身，也想看个究竟。

原来求助的是个钓鱼爱好者，估计是头一次钓到大鱼，兴奋得不得了。那句"钓到大鱼了"，特别有穿透力，半个公园都能听得见。

钓到大鱼的是一个看上去老实、腼腆的中年男子。当我好奇地问了问这条鱼有多重，怎么钓的，需要钓多久时，他耐心地回答了我，语气还是非常激动。

当过来看热闹的人群散去，我也准备离开时，那个钓鱼者还在原地指着那条鱼跟周围的同伴无比兴奋地说着话。

人群里有一个人很不屑地说了一句：“真是傻瓜，有那么兴奋吗？又不是中了五百万大奖，一条破鱼，顶多值五十块钱，至于吗？”

其实，我很想说，“至于呀”！但话到嘴边，就又咽了下去了。

一条五斤重的大鱼，确实值不了多少钱。可是这条鱼给垂钓者带来的快乐感和满足感，这又怎么算呢？

现实生活中的我们，正过着一种越来越不容易被感动的生活。而人们似乎也越来越不容易被打动，越来越需要依靠物质来获取快乐，对幸福和快乐的感知能力越来越弱。似乎必须要升官发财、名利双收、情场得意，才能被自己深深地感动到。

02

已经有很久没去电影院看电影了，一是因为确实没时间，二是因为我觉得最近的电影不走心。

但想想曾经看过的那些电影，比如张艺谋的那部《山楂树之恋》，电影的结尾，重病将离世的老三等着见静秋最后一面，穿着红色衣服的静秋泪流满面地在病床前不停地说：“我是静秋，我是静秋，你不是说我一喊你就出现的吗？”弥留之际的老三，盯着天花板上自己亲手贴上去的一张静秋的照片，流下了最后一滴眼泪。

当时，看到这一幕，我在寝室里一把鼻涕一把泪地哭得泣不成声，室友们还在笑我说，“至于吗”？当时我毫不犹豫地回答姐妹们，“至于”。

后来，也不乏像《山楂树之恋》那样走心的电影，可我却对它们失去了兴致。很多人说，现在的电影，真没多少意思，也不值得去看。

更多时候，不是电影不走心、不过心，而是你越来越不容易被感动了。这种感动不是让你去相信，所有灰姑娘都能遇见白马王子；也不是让你去相信，世间所有人都是好人；更不是让你相信，只要努力就定会成功；而是让你在电影所要传达的生活意义里，获得一份感知快乐和幸福的能力。

04

一朵在风雪里绽放的梅花，无法感动你；一颗在微风里摇曳伸展的柳树，无法感动你；就连天桥上无家可归的小孩，村子里无人照顾的老人，也无法感动你。似乎，这世间一切值得赞美和怜惜的事物，都无法感动你。

你会给自己找诸多借口，比如花儿本来就应该在那个季节开放，估计那些乞讨的小孩是有团队操纵的，那些空巢老人本来就不讨家人喜欢，等等。

我们总是在越来越现实的生活里，慢慢地被消磨成一个比现实还要现实的人。

我们不再轻易地被感动，我们也不会因为一些小事物而产生美好的心情。归根到底，是我们太坚硬了，失去了感知幸福的能力。

世上美好的事物并不会因为你容易被感动，而变得更加美丽和温暖。世上痛苦的事情也不会因为你容易感知幸福，而变得不再痛苦。那我们为什么还要成为一个容易被感动的人，还要去培养自己感知幸福的能力呢？

因为生活并不完美，每个人都在这个现实的社会里摸爬滚打，吃尽苦头，受尽委屈。我们无法拥有对客观事物的决定权，也无法选择最尽如人意的生活方式，更无法预知充满挑战的未来。

但我们可以在平凡的生活里增强自我感知幸福的能力。当你心存感动，你会发现，即使过着水深火热的日子，你依旧充满朝气、充满活力、充满快乐。

多为别人考虑的人，运气都不会太差

01

朋友在一家物业公司上班，她说，两年前她们公司把一个普通的女接待员直接提拔为项目主任，其他项目上的管理人员虽然嘴里说着祝福的话，心里却一百个不服气：这个女接待员也就是长得漂亮一点，运气好一点而已。

有一次，朋友拿到了一个项目，终于见到了这位传说中的美女项目主任。朋友的第一反应是，她确实长得很漂亮，而且也先入为主地认为，她可能就是运气好而已。

可是恰恰相反，公司所有的项目里，这个项目年年获得“优秀项目”称号，而且整个团队的凝聚力非常强，似乎她手下的员工各个都很和气，都很好说话，也都很配合工作。

朋友说：“刚开始我也以为她是运气好，遇上的员工都是好员工，可后来才终于在她的工作细节里找出了缘由。”

比如，每逢春节公司都会给员工发节日慰问费，但除此之外，她也会在除夕的晚上给值守的门卫和清洁工送上一份小小的红包，虽然钱不多，但代表了她个人的心意。

比如，有一次她在外面检查工作，雨下得很大，随行的保洁大姐因为患有严重的风湿病，怎么也不愿意脱鞋光脚过街，于是她立马脱下鞋子将保洁大姐背回了办公室。

比如，夏天到了，为了让业主们食欲更好，她早早地起床到街上买来栀子花，给每一张桌子上都放一束。

比如，朋友在做某项目期间，头痛得厉害，她一点儿也不嫌麻烦，坚决要带朋友去医院看看，在朋友回公司的两天后，还依然打来电话问朋友好些没有。

后来，朋友说：“我想这所有的细节里，就藏有当初她能被破格晋升为项目主任的答案。因为总是为别人考虑的人，运气真的不会太差。”

02

一次培训会上，讲课的周老师说了两个项目案例。这两个项目都是一家公司的，但奇怪的是A项目的物业费收缴率极差，而B项目的缴费率一直都保持在95%以上。为了搞清楚缘由，公司派周老师前来调查。

周老师到了A项目，发现三楼的阁楼是关闭的，而且还上了锁。

周老师问A项目的接待人员：“为什么这要上锁？”

接待员说：“就是防止业主抽烟呗。他们抽烟都上这儿来，四处都是烟头，多麻烦啊，我们干脆把这锁了，也省得打扫。”

周老师：“业主给钱请你们来是为他们解决问题，为他们服务的，不是让你们来管他们的。你们口口声声对他们说，顾客就是上帝，但是你们这样做，完全是把自己当成了上帝。”

到了B项目，周老师发现了一个特殊的凉亭，它修在办公楼下的拐角处。就问B项目负责人为什么要修。

B项目主任解释说，考虑到很多业主都是吸烟者，又找不到地方抽烟，常常把烟头四处乱扔，有时候整个过道都是烟味，让他们出门抽又不太合情理，因为每逢刮风下雨，烈日当头，几乎没人愿意到外面去过烟瘾。

于是，B项目负责人特意让人修了一座凉亭，凉亭里有凳子，方便抽烟的业主休息。凉亭中间有个垃圾桶，专门扔烟头，更绝的是，凉亭处设置了一个自动打火器，以方便没带打火机的业主，并且钉了一个牌子“吸烟有害健康”。

也许A项目会为自己辩解：B项目遇上了财大气粗、知书达理的好业主，运气好而已。

但更深层次的原因是，多为别人考虑的人，多为别人考虑的团队，多为别人考虑的公司，运气真的不会太差。

03

瑞典沃尔沃总部有两千多个停车位，早到的人总是把车停在远离办公楼的地方，天天如此。有人问："你们的车位是固定的吗？"

他们答："我们到得比较早，有时间多走点路。晚到的同事或许会迟到，需要把车停在离办公楼近点的地方。"

因为多为别人着想时，路才会走得更远。

04

一个人的运气，好的或坏的，到了最后你才发现，其实都是自己一手营造的。

当你还在羡慕别人为什么总是好运连连，为什么总是得到上天的眷顾，为什么总是有贵人相助时，上述故事可以告诉你答案：因为总是为别人考虑的人，运气真的不会太差。

不要轻易去“以为”别人的生活

01

当我们都在振振有词地谈异地恋多么痛苦时，你不妨去瞧瞧农村里的那些留守妇女，你丝毫不会发现她们与丈夫长期分隔两地有多痛苦。

你以为她们活得苟且和颓废，可是她们并没有这样想。她们依旧该干啥干啥。清晨起床收拾家务，洗衣服、拖地、做早餐；午饭过后，到小卖部去打打麻将，拉拉家常；到了傍晚，准时去接孩子放学，然后煮晚饭、散步、洗澡、看电视、睡觉。

你以为这样的生活是多么的无趣和枯燥，你以为没有沟通和交流会很痛苦，可是她们并没有这样的感觉。

她们就这样日复一日，年复一年地过着你以为不快乐，但她们却感到很快乐的生活。

也许你会说，这样的快乐是建立在无知识、无眼界的生活之上。可是，她们甚至一辈子都没出过省城，但依然把生活过得规规矩矩、快快乐乐，这还有什么可责备的呢？

在什么样的生活里，就过好什么样的日子。她们没钱没精力，更想不到你所谓的诗和远方，但只要立足于自己的生活，谁又会说她们活得不快乐？

快乐是一种定义，每个人的出生环境、教育背景都不相同，每个人对快乐的定义也会不同，所以你以为的人生未必就是别人真正感受到的人生。

02

“她以后会后悔的，等着瞧吧。”张大妈经常这样评论我的一个姐姐的婚姻。

那个姐姐虽然自身条件不是太好，但还过得去，让人吃惊的是，她居然嫁给了一个一无所有的男人，而且那个男人还比她大很多岁。

大家都在指责她、劝告她，说她总有一天会吃亏，到时候哭都来不及。每次大家聚在一起，总要替她惋惜、担心、着急。

可事实上，这个姐姐就喜欢找一个对自己好的人，即使日子过得有些拮据，但她要的就是一个对自己真心诚意的人。

她想过的生活就是自己喜欢的生活，而不是你以为的生活。也许你又会说，她肯定会在没钱买漂亮裙子、没钱买首饰和包包时，脑海里闪过那么一丝后悔的念头。

可你担心有什么用呢？生活是她自己选的，即使有不如意的地方，承担后果的也是她自己。都是成年人了，都要为自己的选择承担一切好与坏的结果。

谁也没法保证做了哪一种选择就不会让人产生痛苦和纠结的情绪。但只要他们把日子过得有声有色，即使是穷开心，那也叫开心呀。

每个人的人生只有一次，过好和管好你自己的人生就够了，多想想怎么把日子过得有滋有味，远远比有事没事去操心别人的生活更重要。

03

我一直不是很理解一个职位的意义，那就是门卫值守。

小区门卫是个七十多岁的老大爷，一天二十四小时就在门口守着，常常在半夜起床给晚归的业主开门，又常常一个人无所事事地守在一个狭小的屋子里，看着鱼贯而入的车辆和行人。

我以为他会很孤独，因为他的老伴儿虽然也是一大把年纪，但依旧在别人家当保姆，一个月只有两天假，就等于说一个月两个老人才见两次面。

可他说生活就是这样，年轻时没有学到一技之长，也没有安身立命的工作，老了就只能做这份工作，谁让自己当年不努力呢？

他做这份工作也有十来年了，每天的日子虽然平淡无奇，但也能在这份工作岗位上找到存在的价值，因为他这个年纪也只能剩下坚持和习惯了，而孤独已经成为他人生中的一种常态。

当你改变不了现状时，就要学会去接受。这个世界有很多人都在干着你以为很孤独、很寂寞的工作，他们忍耐着，不管是因为什么，他们在与自己的命运对抗与协调，当他们无法消融那份孤独时，就会选择与孤独和解。

你以为他们很孤独，但那仅仅是你以为，你以为他们不用干这样的工作就能轻轻松松地逃离孤独吗？虽然现实往往是残酷的，但他们依旧把日子过得有生气，如果他们都抱着你以为的生活态度去工作和生活，那不知道有多少人要打退堂鼓，甚至无法生存下去。

04

很多时候，你不要轻易地去猜想别人的人生，这样做不会对别人产生任何影响，而是反作用于你，让你失去对生活的信心和希望。

很多时候，人活得太感性、太精致，是会很累的。你要活得认真，但不要较真，你要活得理性，但别太个性。天下之事有很多都不在你以为的范畴里，按着你以为的方式运转。

有时候你的以为是对的，有时候是错的，但那都仅仅是你以为，因为别人的生活毕竟是别人在过。

你要多关注自己内心的成长和成熟，要有自己的人生底线和防线，不要活在别人以为的人生里，人生短短一世何不就着心中所愿，去追求你以为的人生？

建议你来提，决定我来做

01

在表妹距离高考还有十五天时，姨妈比表妹还要紧张，整天急得像热锅上的蚂蚁。她琢磨着给表妹选学校、选专业，争取不让表妹在人生的第一个起跑线上输给其他孩子。

姨妈说，她听了很多姐妹们的建议，有人说，还是省外好，省外能锻炼孩子的自主生活能力，也能使孩子尽快成长。有人说，还是省内好，女孩子嘛，何必志在四方，选个离家近的大学，在父母眼皮子底下，总归不会出什么大乱子。

对于孩子要报考什么专业，有人说选金融专业，有人说选计算机专业，有人说……这么多人帮着姨妈出主意，让姨妈既高兴又苦恼，究竟该听谁的?

倒是表妹镇定自若，因为她对自己想念的大学和想学的专业早就有了主见，甚至要不要在大学时期谈恋爱，都想得一清二楚。

姨妈总是语重心长地对表妹说："孩子，你还嫩得很，填报志愿是大事情，甚至决定着你一辈子的走向，多听取过来人的意见绝不会吃亏。"

表妹说："正因为这是一件人生大事，我才要自己做决定。别人出于好心提出的建议，我当然要虚心听取，但取舍要根据自己的实际情况来定。"

毕竟帮别人选一条人生路很容易，只需说一两句话就行。但要用一辈子走这条路的人却是你自己，人生路平坦或坎坷，顺路或绕路，都由你自己承担后果，你只能自己为自己买单。

路遥先生说："人生的道路虽然漫长，但紧要处常常只有几步，特别是当人年轻的时候。"既然是这么重要的决定，又怎能将自己的命运轻易托付给他人？

02

邻居王阿姨家的儿子，毕业于名牌大学，毕业后顺利成为某银行的一名员工，由于其工作能力突出，为人诚恳，三年后就被破格提为网点主任，继续向上晋升的机会非常大。

可是几年前，他却不顾家人的反对，毅然决然地辞掉了这么稳定且有前景的工作，把王阿姨气得血压高，在医院住了好几天。

大家原以为他会另谋高就，或者到一个更好的平台发展。没想到，他不顾一切辞掉工作，竟然是为了开一个“2元店”。

一般开这种店的人，都是一些为了谋生糊口的小生意人，这哪儿能是王阿姨儿子该干的事？期间不知有多少亲朋好友，争着要来开导和劝诫他，可是他都只是听着，并不为之所动。

他说，很早以前他就想创业，终于在积攒了几年的积蓄后，有了实现梦想的经济基础。

如今王阿姨的儿子，在“2元店”里找到了人生的价值，也实实在在地开了二十多加家连锁店，一年的收入是在银行就职的十几倍。

人生，其实就是矛盾与选择的综合体。很多时候，我们依赖别人的建议做决定，其实并不是怕独自做决定，而是没有勇气在矛盾中勇敢承担选择所带来的不利后果。

03

朋友D，当年在上海读的美术学院，对画画也有极高的兴趣，可她毕业后并没有听取家人的意见，回到小县城找个安安稳稳的工作，而是一直在上海强撑着，一撑就是好几年。

今年过年回家，朋友依旧一贫如洗，物质生活上并没有太大改观，甚至为了节约房租，每天上下班乘坐地铁都需要两个多小时。

每年春节，她回家，听到的最多的不是鼓励和支持的话，而是这些话："一个女孩子最好的年纪也就那几年，把所有青春都赌在不确定的未来，如果以后还混不出什么名堂来，再回来找工作找对象，没了年龄优势，也会高不成低不就呀。"

朋友只是默默地听着，根本就没把这些话放在心上。朋友说，她非常感激大家对她的关心，但她的人生既然是由自己来走，那她就必须坚持下去。

人生的路只有经历过，才知道有短有长，才知道哪些是绝路，哪些是生路。每个人的人生都不相同，正因为这种不同才造就了五彩斑斓、异彩纷呈的世界。你的人生即便是走了不少弯路，也一样充满了惊喜和生趣，这种意义是谁都无法感受和体会的。

常常听很多过来人给我们讲道理、提建议。那些人生智慧都是过来人经过岁月的打磨，一点点积攒的，有些甚至是从血的教训里得来的。即便你知道了结果，但没有栽过大跟头，没有尝过失败的滋味，就永远也无法深刻地去理解和感知。

人生本来就充满未知和迷茫，充满精彩和痛苦，正是因为这些不确定的因素，才让我们的生活丰富多彩，充满活力。

别人的人生，再精彩也是别人的。过来人的经验再实用，也是过来人的。而自己的人生，无论走得顺畅还是曲折，终究是自己的。

一个人能掌握自己的命运，能够明白自己想要什么，并为之努力，甚至比他的命运最后会是怎样的更重要，更值得称赞。

NO.4

有教养的人，不会以贬低别人来抬高自己

01

A姐曾经是B姐的下属，她们两人一起共事了五年之久。可是每次公司组织在外集体培训，A姐总是避开B姐，不跟她一起吃饭、一起住宿，甚至想尽各种办法躲着她。

B姐家条件比较优渥，老公也特能挣钱。而A姐就不一样了，不仅老公工资没她高，而且有一大笔房贷和车贷要还，还得供小孩读书，经济压力很大。正因为如此，外出逛街购物时，她只选择一些不那么贵的衣服，或者干脆不进出高档商场。

可是，无论A姐的衣服再漂亮、再得体，即便B姐也很喜欢，但在B姐得知价格后，会当着同事们的面炫耀说："我从来不买这么便宜的衣服，一看就知道质量不好，这种档次的衣服，我连看都不会看。"

每次B姐这样说时，A姐都会感到无地自容，甚至有些自卑，但考虑到B姐曾经是她的领导，她羞于反驳，于是干脆就躲起来。

这个世界，山外有山，人外有人，无论是物质上、精神上，或者在学识和眼界方面，总有比你更加厉害的人。

而一个人是否有教养往往体现在跟别人相处时，不让人难堪，不让人自卑，不让人产生心理压力，也不会通过贬低别人，来抬高自己。

02

在一次婚宴的筵席上，我听到了两个妈妈的对话，两个人应该是初次相识。

A妈妈："孩子多大了？"

B妈妈："5岁了。"

A妈妈："都这么大了！那你孩子参加了几门兴趣班？"

B妈妈顿时有些尴尬地回道："孩子是我一个人带的，没参加什么兴趣班。"

A妈妈吃惊地盯着她，并且大声地当着全桌人说道："什么？这么大的孩子居然不去学习唱歌、跳舞、画画……这样是很容易让孩子输在起跑线上的，你难道不知道吗？"

B妈妈："我老公一个人挣钱供养全家人，老家还有两位老人需要照顾，兴趣班挺花钱的，我一个人教孩子其实也可以的。"

A妈妈听了以后，就开始大谈自己的育儿知识和经验，并不停地提醒B妈妈这样做是不行的，同时还有意无意地炫耀自己的孩子上一堂课要多少钱，请的老师有多么出名，上的幼儿园有多么高级，等等。

A妈妈谈这些真的只是为了B妈妈的孩子着想吗？即便是，但她的方式、方法绝对是缺乏教养的表现。

当B妈妈提及都是一个人带孩子时，当你明明就看到她寒酸的穿着和打扮时，当她已经告诉了你，孩子没上兴趣班时，但凡有教养的妈妈，绝不会继续在这个话题上深入地谈下去，更不会把自己孩子的优质生活拿来与别家条件较差的孩子做对比。

有教养的人，不一定就是有钱人，因为教养与物质没有直接关系。世界上有很多有钱人，他们有大把的黄金白银，但依旧缺乏教养。总是喜欢通过贬低别人来抬高自己的人，他们是自私的、自大的，同时也是严重缺乏教养的。

因为有教养的人，总是有一颗体谅别人的心，知道社会上每个阶层的人物都有自己的不容易，所以他们不会以自己的优势来攻击和贬低别人的劣势。

03

世界上真正有教养的人是在明知阶级层次不同，差异不可磨灭的时候，依然能细心地保护别人自尊的人。在与人相处时，他们不会有意表现自己的优越感，也不会让人有受压迫和不自在的感觉。

没教养的人，他们会在穷人面前宣扬自己一个月的工资就是别人一年的工资；没教养的人，他们会在一个上班只能挤公交的工薪阶层面前，炫耀自己都是用名车来代步；没教养的人，他们会在大字不识一个或者学历不高的人面前，炫耀自己见多识广、博学多才，从某个名校毕业，又或者是研究生或博士后。

有教养的人，总是能把自己的锋芒和荣耀隐藏得好好的，总是能顾及对方的实际情况和现实处境，总是能在差异和不同中找到一个相同的话题；有教养的人，他们会关心穷人简单平凡而又琐碎的生活里的美好之事，哪怕只是农民工这个月又涨了一百块工资，他们也会诚心地为之开心；有教养的人，他会关心你挤公交有哪些经验和烦恼，他不会喋喋不休地讲着自己的爱车需要多少钱的维修费和保养费；有教养的人，他会更关注你在生活中所学到的人生经验和为人处世之道，而不是明知你书读得不多，还故意在你面前提及所谓的学术论文和毕业答辩；有教养的人，是那些明明就过得比你好，却从不以贬低你而故意抬高自己的人。

他们的教养体现在尊重和保护别人的自尊上，他们懂得每个人都不喜欢一个太过锋芒毕露、显山露水的人，更不喜欢骄傲自大、靠排挤和贬低别人而抬高自己的人。

那些总喜欢贬低别人的人，其实就是缺乏自信心。因为一个人越缺少什么，就越会炫耀什么，同样，他们越抬高什么，那就证明他根本就没有到达那个高度和层次。

一个真正有教养的人，根本无须通过贬低别人来抬高自己，因为有了教养，他们就是这个世界上德高望重的人。

我的确应该伤感，但我没有时间

01

几年前我跟别人合租房子，有一个女孩子给我的印象特别深刻。

有一天我加班到很晚才回家，可回去以后发现停电了，因为电卡里的钱用完了，只能第二天到超市充值。

屋子里一片漆黑，一进门我就听到号啕大哭的声音，刚开始我还有些害怕，可寻着哭声一听，原来是我对门的女孩儿。

我敲了好久的门，她才让我进去，然后告诉我她哭泣的缘由。

原来，她异地恋五年多的男友，今天打来电话说分手，说完以后，一并把微信、QQ、微博等所有的社交软件都对她取消关注，连密码都改了，做事是那么雷厉风行，分手也丝毫“不留活口”。她一遍又一遍地哭诉着自己对他的爱，看她的样子，已经有些崩溃了。

当你长时间依赖一个人，把生命和生活的重心都寄托在一个人身上时，他的离去，会像抽丝剥茧那样痛。他给你带来的打击，就像你的心脏内部突然炸开了，咚的一声，你的身体就成了一具空壳，血流不止。

我不知道怎么安慰她，只是告诉她：“想哭的时候就先把妆卸了，但卸完妆就不自觉地要做个面膜，做好了面膜又想涂好眼霜，你想想，辛辛苦苦保养好的脸，何苦为了不值得的人而哭花呢？闭上眼，第二天又是新的一天。”

人的一生总会遇见不告而别的人，我们想流泪，想发泄，甚至想破罐子破摔。可当你让自己忙起来，让自己更优秀时，就没有时间去伤感了，忙就是治疗一切心理疾病最简单粗暴且有效的办法。

我对她说：“晚饭还没吃吧？先起床把今晚的饭吃了，再好好睡一觉，等明天若有时间，再伤感也不迟……”

她听了我的劝解，吃过晚饭就入睡了。后来，她让自己忙了起来，最终摆脱了失恋的阴影。

02

一个读者向我诉说了她的经历：她和老公足足谈了十年恋爱，但结婚后不到一年，老公就开始故意找茬。各种矛盾堆积起来以后，终于等来了她情绪“山洪暴发”，她脱口而出：“散了吧！”结果，老公根本没犹豫，第二天就跟她到民政局办理了离婚。

她当时非常伤心，一周内瘦了十斤，其后一年多都是整夜整夜睡不着，每天不论吃什么饭菜都感觉没有味道。还好她没有自残，只是觉得生活一点意思都没有，每天都沉浸在悲伤的情绪中。

离婚两年以后，她才突然发现前夫早在两人结婚时就有了新欢。由此，她不再郁郁寡欢，一天天振作起来，开始了新的生活。

她辞掉了原本悠闲的工作，选择了一份销售工作，每天累得半死，累得让自己根本就没心思去想那些事儿。她开始每天坚持晨跑，把一切不开心的事化作汗水挥洒得一干二净。她开始学着认识更多的新朋友，逐渐有了自己的人际圈子。

如今的她，云淡风轻。生活和内心都是一片富足，根本就没有精力去想前夫曾带给她的伤害。

莫泊桑曾说：“人的脆弱和坚强都超乎自己的想象，有时，我们脆弱得一句话就泪流满面，有时，也发现自己已经咬着牙走了很长的路。”

当你悲伤的时候，你总要相信，一切都会过去的，无论你是走着过去，还是跪着过去，悲伤总会有雨过天晴的一天。你来到这个世上，还有很多好事、好人、好感情，值得你去遇见，你没必要把时间都浪费在不值得的人和事上。当你努力去争取一切美好的事物时，你就没有伤感的时间和精力了。

03

前几天有个读者告诉我，她休完产假以后，由于公司里有人使坏，她差点回不了公司上班，不过幸好最终有惊无险。

原来这位读者在生小孩之前，曾跟她最好的好朋友，也就是她的同事说过，她生完孩子后，如果能在家附近找到更好的单位上班，就有可能把这边的工作辞了，如果没有合适的，她依旧会回来好好上班。没想到她休产假的第二天，全公司的人都疯传她要辞职，就连总经理也信以为真，还招了新人，准备替岗。

最后幸好有其他同事及时通知了她，让她赶快跟经理做个解释，才得以把这件事平息下来，直到她休完产假，她的工作岗位还在。

她说，如果当时没那个同事好心提醒，她现在就失去工作了，并且还要养育一个小孩，经济压力会有多大！回公司上班以后，她终于知道了原因，但没有因此事而不愉快，只是对那位曾经的好朋友拉远了距离，从此形同陌路。

她说没想到自己对这个朋友如此好，还在领导面前为这个朋友升职加薪出了力，说了好话，结果这个朋友居然会干出这种事情。可是后来想想，值得为这样的人生气、伤心吗？

生活总是出人意料的，你恨自己当初瞎了眼，看错了人，可人总是要看错一些人，才能练就火眼金睛的能力，遇见正确的人。

很多时候，一个人的心境，决定了事情本身的好坏，当你遭遇痛苦，想要伤感时，不要忘了告诉自己，你真的没有时间去伤感。

04

毕淑敏曾说："只要你自己不倒，别人可以把你按倒在地上，却不能阻止你满面灰尘遍体伤痕地站起来。"

遇到一些背叛，遇到一些伤害，遇到一些别离，你总会伤感，可你真的有那么多时间去伤感吗？你不准备重新站起来了吗？

人的一生，值得你去追求和努力的东西，实在太多了，要分手的人就分手吧，要走的人就走吧，你的时间还大有用处，不必在痛苦中纠缠不清。

相信你可以忘记，可以忍耐，可以好好吃饭，好好睡觉，拥有幸福，拥有快乐，但前提是，你不能再为不值得的人和事浪费时间去伤感。

NO.5

有了仪式感，爱情才愈发甜蜜和长久

我需要你给我一种被需要的感觉

01

不知道你身边有没有这样的女孩：性格独立，聪明能干，进得了厨房，上得了厅堂。

可偏偏就是这样的女孩，很难找到对象。要说为什么，原因很多，但我觉得最大的原因就是，男孩在她身上根本就找不到存在感。简单说，就是找不到被她需要的感觉。这种感觉看不见，摸不到，道不明，却在感情生活里不可替代。

我认识一个女孩，她特别优秀，工作单位好，同事关系好，长相好，身材好……想追她的男性很多，但是敢追她的人却极少。

有一次跟她聊天，她说自己在办公室完全就是一个女汉子，什么事儿都自己干。

比如，办公室里有桶装饮用水，如果她打水时发现桶里没水了，一般都会自己默默地去换水，但她每次换水，别人都能明显看出她体力有些不够却偏偏喜欢硬撑。每当男同胞说要帮忙的时候，她都会立马拒绝，她从不需要办公室里的男同事搭把手。

我说："你这又是何必呢，明明就有身强力壮的男同胞在，你干吗非要自己去换？"

她说："我就是不喜欢麻烦别人，能自己干的事情最好不要麻烦别人。"

其实世界上所有的工作，若非要男女分工做，你会发现，男性能做的事情女性一样可以做。可是在这么一件小事上，你都要逞强，证明自己很能干，丝毫不给别人一种"被需要的感觉"，就缺少了一份相处的智慧和温柔。

再比如，在一次相亲中，她比较中意一个男孩，但是又羞于表达，或者说是过于矜持，两人第一次约会，他给她夹菜，她说："谢谢，我自己来。"饭后，男孩说天色太晚，想送她回家，她说："谢谢，我不怕。"男孩尴尬了几秒，说："那你回家后，给我回个消息吧。"她说："谢谢，不用担心。"

从那次相亲后，那个男孩就再也没联系过她。她虽然有些羞涩，但很喜欢那个男孩，于是找介绍人拐弯抹角地问，为什么她这么优秀，那个男孩却不喜欢她？

介绍人不好意思地回道："因为那个男孩感觉配不上你。"其实根本不是男孩的能力和实力配不上她，而是她太要强，强得让他认为，她一个人也过得很好，根本就不需要找对象。他在她身上压根就找不到一种“被需要的感觉”。

这是一个提倡女强人而排斥弱女子的时代，我们批判弱女子太做作、太矫情。

可是你不能否认，如果女人太彪悍的话，似乎就缺少了一点女性温柔如水的气质。而现实生活中，男性对这类弱女子情有独钟。

这些弱女子，她们真的弱得可以被风吹倒，弱得没有生存能力和自理能力吗？

其实根本不是，相反，真正聪明的女子，是那种骨子里很强，但表现得很弱的女子。

这些弱女子，其实足够强大，只是她们表现得弱弱的，在一些无足轻重的事情上，她们总会表现得那么需要帮助、关心和照顾，所以她们总能惹男同胞怜爱。

弱女子身上最吸引人的特质就是温柔，女子的温柔是这个世界上浓得化不开的一抹香艳，是多少文人志士、英雄豪杰停留驻足的原因。

诗经有云：“野有蔓草，零露瀼瀼。有美一人，宛如清扬。”

诗人徐志摩也曾说：“最是那一低头的温柔，像一朵水莲花不胜凉风的娇羞。”

你总是那么强，什么都要自己争着做，什么都可以自己来，丝毫不会给对方一种“被需要的感觉”。

“被需要的感觉”，不是我什么都能做，但我事事依赖你，而是我懂得在我们都可以做的事上，给你机会，让你知道我很需要你。懂得示弱，懂得隐藏自己的实力，懂得让对方有一种“被需要的感觉”的女孩子，总是不缺少男性的追求。

02

龙哥跟前任女朋友分手后，丝毫不给她复合的机会，而是在不久后交了新女友，并且爱得你侬我侬。

当我们问他：“你的前任那么优秀、那么好，你都忍心与她分手啊，真不担心她会很伤心吗？”

龙哥说，根本谈不上忍不忍心，因为她根本就不在乎他的不忍心。她很强大，事业上表现得很强，生活中也表现得很强，他并不认为分手会给她带来多么大的打击和痛苦，而是觉得她过一段时间就会好，根本无须担心。

事实上，他的前任失去他后，才发现自己魂不守舍，似乎整个人都失去了动力和勇气。

而对于现任女朋友，他事事都要担心，甚至常常有一些看似多余的担心。而这个女孩子，就真的只是一味地满足龙哥的大男子主义吗？

这个女孩子，其实一点儿也不比龙哥的前任女朋友差，甚至比她更优秀，更有能力。但她懂得在恰当的时机，表现出恰当的软弱，然后让龙哥时刻充满被需要的感觉。一个男性若真正爱一个女孩，他不是钦佩她、崇拜她，而是心疼她。这会不自觉地激发他的保护欲，似乎她的世界若是没有他，她就不能好好生活。于是，他总是在这样一种“被需要的感觉”里，给她所想要的一切关心和疼爱。

03

生活中，人人都需要“被需要的感觉”。那些看似不需要别人的女孩，她们真是钢筋的身体、铁打的心吗？其实这些女性，看起来有多强悍，她的内心就有多脆弱。她们只是羞于告诉对方我在乎你，也羞于表现出我需要你。于是很多男性就会觉得，既然我的存在没给你带来任何意义，那你还需要我干什么？

不要总是到了失去的时候才发现，自己是多么需要对方，需要对方在你生病时端茶递水，需要对方在你孤独时陪你聊天，需要对方在你无助时给你一个暖暖的拥抱。

你要试着给对方一种“被需要的感觉”——我需要你，很需要你。

无论是谁，都不忍心丢弃一个需要他的人。

但当你时时刻刻表现出自己很强大，别人在你的言行举止中根本就找不到一丝“被需要的感觉”时，试问，谁又会自作多情地给你一份你想要的关心和体贴？

我需要你给我一种“被需要的感觉”，因为只有让我知道你需要我，我才能不遗余力地以你想要的方式给你最好的爱。

那些情不自禁里藏着最动人的爱情

01

电视剧《蜗居》在当年播出后，引发观众强烈反响。

宋思明的扮演者张嘉译在录制一期《鲁豫有约》节目时，鲁豫的开场语是这样的：本来以为在这部剧里，最受万千女同胞喜爱的角色应该是小贝，不料想居然是宋思明。在违背了社会伦理道德的情况下，他意外地收获了无数女性的心。

我们暂且不去论这部剧里的对错与是非，仅仅从剧中那些令人难忘的瞬间来聊聊最动人的爱情究竟是什么样子。

“江州的夜晚，灯红酒绿，色情男女，空气中弥漫着暧昧的丁香气息，宋思明喜欢这种十里洋场的明暗交替，醉心于这种慵懒的步伐。”

他走着走着，突然看见商店的橱窗里有一个闭着眼睛的甜蜜娃娃，它像个梦游的女孩，那种即使在梦中也若有所思的表情，怎么就那么像一个人呢？于是他毫不犹豫地买下了这个梦游娃娃，搭乘出租车，去找海藻。

四十二岁的宋思明就站在海藻家楼下自嘲，这不应该是他这个年纪的男人该做的事，算了，回去吧。

当海藻因为公事来到他的办公室时，他故意将这个梦游娃娃放在会客桌上，海藻无意间看见了，非常心动。于是，宋思明用他那种不慌不忙、成熟稳重的市委秘书的语气说："你要是喜欢就拿去吧，我正头疼怎么处置它，一个大男人，拿着这种东西总是不太好的。"于是梦游娃娃就这样在有意地安排下，送给了海藻。

在一个已经成熟稳定的年纪里，宋思明见过大风大浪，遇事从容淡定、张弛有度，却被眼前这个二十几岁的小姑娘给迷住了，他居然会情不自禁地看到一个梦游娃娃就会想到她，还会毫不犹豫地买下它，在办公室里看着那个梦游娃娃，居然还会情不自禁地傻笑，像一个初恋的大男孩那样，想到心仪的女生就会自然地真情流露。

一个人无论多大年纪，拥有多么成熟的心智，情到浓时，都抵不过爱情突然来临时的情不自禁。

02

加西亚·马尔克斯在《霍乱时期的爱情》中讲述了一段长

达半个多世纪的爱情故事。女主角结婚了，嫁给了一个很有钱的医生，过着安稳的生活，男主角一直对女主角念念不忘，虽然与多名女子有过恋情，但始终坚守着一道防线，坚决不结婚，并发誓要获取上流社会的身份和地位，能够与她相配。最后，当两人已经白发苍苍，在女主角丈夫葬礼的晚上，男主角终于将隐藏多年的爱意情不自禁地向女主角表达了出来。

后来，在一次出海时，她再也按捺不住想和他在一起的渴望，她来到走廊上，希望以一种看似偶然的方式遇见他，而他从两个小时前就在问自己，如何才能见到她。当两人回头，刹那间，都露出了一副吃惊的表情，但两人都知道那是装出来的。故事的结局就是，男女主角迈着蹒跚的步伐去远方开启了属于他们两人的黄昏恋情。

马翁笔下的爱情，男主角对女主角的爱“情不自禁”了一辈子，也为了这份“情不自禁”努力奋斗了一辈子，赢来了最后的胜利。

人的一生至少应该和一个人拥有一次情不自禁的爱情。若是一个人一辈子都把得牢，稳得住，实在有些欠可爱。待到老来回首，最让你惋惜的不是在错的时间遇上对的人，而是感叹连一个曾经让你情不自禁、为之奋不顾身的人都没有。

03

朋友是个大大咧咧的女孩，我和很多同学一致认为她是不会谈恋爱的。读书那会儿，她不懂撒娇，哪怕一点点都不会，更不会吃醋、粘人。

可是大一那年，她轰轰烈烈地谈了一场校园爱情。每次我俩聚会，她都会聊他，他什么时候去操场打篮球，什么时候在学校食堂的什么位置吃饭，她总是情不自禁地聊着与他有关的一切，情不自禁地买一切他能用上的东西，情不自禁地整个心房只够装下他一个人。

她就像一个坠入爱河的小女生，跟当年那个重东西她来扛，脏地方她来扫，电灯泡她来换的女汉子已经完全不同，一份情不自禁的爱情竟然也能有一股如此强大的力量让人改变。

04

你会不会也在一个夜深人静的夜晚，情不自禁地想着一个人呆呆地傻笑，又会情不自禁地想起今晚迟迟未回的短信而默默忧伤？

也许你可以想念一个人，却在见他时变得镇定自若，也许你在爱着一个人，却迟迟端着一副矜持和理智的态度，但若深爱一个人，你就无法从心里去克制它，你没办法为心上锁，去控制它的暗流涌动。你可以控制你的行为，却无法控制思绪的蔓延。

老夫老妻，细水长流。但在此之前，你一定是在第一次遇见爱情的那段岁月里，像一条飞流直下的瀑布，情不自禁地向爱情猛烈地倾泻你的爱意，然后再慢慢地转为平淡生活里的相知相守。

动人的爱情是那样毫无缘由，毫无规律可循，让你情不自禁地陷入一段哪怕是想象中的恋爱。萍水相逢随即转身不是过错，刻骨相爱天荒地老也并非完美。在注定的因缘际遇里，我们真的是别无他法。

我总认为，在那些“情不自禁”里，总是藏着最动人的爱情。

我不想再等待，我只想即刻拥有

01

乐乐，一个典型的贤妻良母型女性，非常会过日子，善于筹谋生活。她最喜欢买反季节和打折的衣服，她说，这样购物既经济又实惠。

有一次，她看中了一条淡蓝色碎花裙，那条裙子就像为她量身定制的一样，穿在身上便让她瞬间化身美丽的蓝精灵。我们都在笑，今年乐姐终于可以把自己嫁出去了。

可是，她一次又一次地看着镜子中的自己说，它一定会打折的，等打折了她再来买。其实那条裙子即便打折也便宜不了多少钱，但是，那种“再等等，再看看”的惯性思维，让她放弃了即刻拥有的欲望，无关价格。

之后的几周，乐乐几乎每天都会去商场看那条裙子有没有打折。直到有一天，她实在按捺不住对那条裙子的喜欢，愿意放弃自己的原则，以原价购买。可是到了商场之后，店员告诉她，那条裙子在昨晚卖掉了。

衣服可以买打折的，但人生却不能打折。你没办法做到把喜欢的东西打个八九折，还会如当初那样喜欢它。

女生常常会因为商场打折而买一大堆自己不需要的衣物，或者去等待喜欢的衣服打折。于是，反反复复在打折的商品中寻求最中意的那件，不停买，一个月买的衣服加起来可以买十件她们中意的衣服了。可是，到后来她们既没有节约钱，更没有买到最中意的那件，还浪费了时间。

人活着，碰上一件自己喜欢的东西容易，但能即刻拥有它，却一点儿也不容易。而衣服和商品就不一样了，你原本只需要花上一些适当的钱就可以马上得到好心情，但你非要去等，等到最后你的人生就只剩下“凑合”和“将就”了。

02

想起路遥先生的《人生》中描写的那段旷世悲凉的三角恋。善良质朴的刘巧珍看出了高加林不甘心一辈子待在农村当农民，于是主动对他说：“加林哥，你干脆想办法去工作，我很想叫你出去。”

高加林看了她老半天，才开玩笑说：“你叫我出去，不怕我不要你了吗？”

刘巧珍说："不怕……将来你要是出去了，我就给咱种自留地，抚养娃娃，你有空了就回来看我，我农闲了，就和娃娃一搭来和你住在一起。"

此后刘巧珍还是那个刘巧珍，那个为了等心爱的人回来而努力种田挣工分的傻姑娘，而高加林，再也不是那个手拿镢头犁地的乡巴佬，他已经成为县委大院的干部，在城里是个响当当的人物。

后来，巧珍没等来他的"有空就回来"，也没能农闲时"带着娃娃和他住"，只是等来了心爱的加林哥赤裸裸地抛弃，而后为一个自己不爱的男人披上了红盖头。

看到这段情节，我常常想，我若是巧珍，就要和高加林一起进城，一起面对生活的艰辛和不易，我绝不会守在村里等他回来，因为我认为最好的爱应该是陪伴，而不是等待。等你的日子好了，等我优秀了，等……无数令人心酸的结局就是在等待中，悄然逝去。

我不想再等待，我只想即刻拥有，拥有想要的幸福和人生，即便生活不易，痛苦更多，但我依然想立刻拥有和你在一起的时光，因为我觉得最幸福的事情不是等你有钱了，等你升官了，等你……而是和你在一起慢慢变老，即便日子过得紧巴巴的，即便日子依旧不如意，但我想拥有的是你，这又何须等？

我们常常陷入这样的误区，在等待中去创造一个好的条件使两个人在一起，可是我们明明就在一起，却要为了一些不重要的事而偏离了我们的初衷。

03

恋爱中，有这样一个不成文的说法，两个人恋爱久了，最终是不会走到一起的。我一直不理解为什么会这样，但又真切地感觉到身边有很多这样现实的例子。

我大学时的班长就印证了这个说法。她和男友从大一开始就一直在谈恋爱，感情很好。到了毕业那会儿，学校推荐班长去面试一份很不错的工作，可是她死活不去，她跟辅导员说，她一毕业就回去结婚生子，所以不能留在成都。她说这话时，全班同学都是满满的羡慕，因为她的眼神里透露出的对幸福的渴望。

然而在当初她说的那个日子，他们并没有如愿结婚。

2015年，班长给我发了一张请帖，请帖里婚纱照中的新郎怎么看也不像她大学时的男友。后来她给我打了电话，告诉我说，爱是经不住等待的，爱就马上爱，牵手就趁现在。当年她和男友回到家乡，两人待在一起的时间长了，彼此都过于了解，结婚的念头反而淡了，总是想着试一试“我是否就非他不可”，人对于自己拥有的东西常常是不懂得珍惜的。后来，两人真的试着试着就分道扬镳了。

班长领结婚证的当天，她前男友通过朋友知道了，便不顾道德和世俗的约束立即到她家找她，希望她不要冲动，让她马上离婚再跟他结婚。可是班长是真的死了心，她换了住处，也换了电话号码。从此，他再也联系不上她了。

班长说："我不想再等待，我只想即刻拥有。我愿意跟他在一起过任何一种不顺遂的生活，可是他却让我一再等待，无止境地等待。即便某一天能得到，但也已经失去了它原本的意义和价值。"

恋爱了好几年的人，出于种种原因，已经没有决心和勇气维持这段感情，到后来跟一个认识不到半年，甚至是几个月、十几天的人领了结婚证。

这其中，有多少人并不是因为爱情而结的婚，我们不知道，但我们确信那些迟迟未到的幸福里，一定有很多人丢失的青春和爱情。

我不想再等待，只想即刻拥有，拥有最想要的生活，而这生活里的主角不是更宽敞的房子，不是更大排量的车子，也不是更多的票子，而是有你，有你就好。

真爱最经不起瞎折腾

01

大学时有个女同学，她和男朋友是异地恋。男朋友每天都会给她打电话，起初她觉得挺新鲜的，可时间一长，她就有些厌烦了，于是规定男朋友只能在她不忙的时候，也就是快睡觉时给她打电话。

每次男朋友给她打电话，有时她分明就无聊地躺在床上看电视剧，却说自己很困，想睡觉了。于是，话还没说两句，她连一句晚安或者结束语都没说，就直接挂电话了，但是挂了电话后她却看电视剧直到深夜。

她习惯了毫无征兆地挂男朋友的电话，也料定男朋友绝不会生气。很多女孩子都喜欢做这样的事，以此考验对方是不是真爱。

还有一次，男朋友千里迢迢跑来学校看她，就因为没给她带来她想吃的甜皮鸭，她就大发雷霆，哭着吼着说男朋友不在乎她。男朋友说，来的时候走得急，就忘了这事。不过无论男朋友怎么解释，她就是不听。

类似的事情发生了很多次，终于有一天，男朋友再也没有给她打电话，也没有赶来看她，从此彻底地消失在了她的世界里。

她当时气炸了，想着男朋友只是跟她开玩笑，等他回心转意后，一定要想尽办法折磨他、折腾他。可是几个月后，她却得知他跟另外一个女孩恋爱了。

女孩子总是以为真爱就是要不断地考验和折磨对方，以此表示自己在对方心里显得多么重要，殊不知，真爱最经不起瞎折腾。

02

还有一个女孩子，她只要稍微有些不顺心，就跟男朋友闹分手。有一次，两人商量假期要去哪个地方玩。男朋友说："随你啦，你决定吧。"在一般人听来，这话没问题啊，但她觉得男朋友说这话是敷衍她，于是任性说道："我们还是分手吧。"

她这种情绪化愈演愈烈，刚开始男朋友只需哄一哄她就行，后来她会因为各种小事而不顺心，以至于很多天都不理男朋友。

女孩子天生缺乏安全感，独立性又不强，男孩子一味地顺着她，她反而动不动就摆脸色、使性子，一言不合就说分手。这种毛病会不自觉地升级，即使她知道不应该，也很难控制自己。

可是，人心都是肉长的，即便对你再好的人，对你的容忍和宠爱也是有限度的。真爱经不起瞎折腾，尤其是随口说的分手，最致命。你以为是闹着玩儿，但次数多了以后，就真的会分手。

牵手需要一辈子，而放手只需要一瞬间，不要轻易去闹腾，最后丢失了真爱。

03

男生最不能理解的就是女生说反话。她明明很想让你留下，却非说“你走吧”，明明很想你打来电话，却非说“我很忙，没空”。

可你如果真的不联系她、不管她，她又闹各种脾气，折腾得你丈二和尚摸不着头脑。

对女生而言，什么话都要好好地说，说气话、反话，久了以后，再漂亮的女生，都会显得不那么美丽。比如，你的男友经常加班，有时候他并不是不想陪你，你原本可以温柔地提醒他路上注意安全，可你偏说“你去啊，去了就不要回来了”，给你们的感情埋下了隐患。

良言一句暖三冬，好好说话的女孩子，才不会让人觉得累，不累的感情才会长久。

04

男性其实很害怕女性的喜怒无常，他不明白为什么她这一刻很高兴，下一刻却因为一句话而马上变得不高兴。比如，他没有马上回复你的信息，可能是他正忙着工作，你不给他机会解释，又怎么知道他是故意不回你，还是有事呢。比如，他没有按照你心里的要求去做，那你完全可以直接告诉他你想要什么，而不是一味地生闷气。

女性是容易“情绪化”的，喜则开怀大笑，怒则怒目圆睁，悲则号啕大哭，这种不稳定的性格，最伤感情。

给对方一个喘息和解释的机会，懂得合理发泄和控制自己的情绪，才能处理好两个人之间的关系。

05

席慕蓉在《无怨的青春》里曾说：“在年轻的时候，如果你爱上了一个人，请你，请你一定要温柔地对待他。不管你们相爱的时间有多长或多短，若你们能始终温柔地相待，那么，所有的时刻都将是一种无瑕的美丽。若不得不分离，也要好好地说声再见，也要在心里存着感谢，感谢他给了你一份记忆。长大了以后，你才会知道，在蓦然回首的刹那，没有怨恨的青春才会了无遗憾，如山冈上那轮静静的满月。”

真爱最经不起瞎折腾。一个人在对的时间遇上一个对的人，真的是不容易，也许你一辈子就只会遇上那么一两个人，很多人总是喜欢去折腾，总以为这个人丢了以后，下一个会更好。

可是，到了最后你若发现真正最适合你、你最爱的就是当初那个人，当岁月和青春已经无法挽回时，才会感到莫大的后悔。

对自己好点，因为一辈子太短。对身边的人好点，因为下辈子不一定能够遇见。对爱的人更要好点，不要瞎折腾。你以为你折腾的是些小事，但一天天，一月月，一年年，累积久了，就会出大事——那就是磨损了最爱的那个人的心。

真爱经不起瞎折腾，而要相互珍惜和呵护。

找一个愿意为你做改变的人谈恋爱

01

朋友最近很苦恼，正在纠结要不要跟男友分手，原因是男友总是不肯为她做任何一点改变。我问她，她要求的改变是什么？她说，其实她的要求一点儿也不高，无非就是希望男友下班后少玩会儿手机，饭后陪她散散步，晚上陪她聊聊天。

可男友总是沉迷于游戏，还是个十足的宅男。她跟男友吵了很多次，虽然男友嘴上说有多爱她，但从未因此有过任何改变。甚至有时候，男友还会反驳说："刚恋爱的时候我就是这个样子，现在你怎么开始胡搅蛮缠了，这还没结婚呢，你就要学着当管家婆！"

很多人劝她不要整天有一出没一出地闹，男友既不花心，也不跟其他女人搞暧昧就行了，很少有人会因为另外一个人而改变，所以还是包容一些吧。

很多人在感情里，总是为对方找无数个借口，他本来就是这样的。每次吵闹过后，女方总是以这句话安慰自己。

其实，如果连陪伴爱人的时间都没有，连最基本的沟通和交流都叫作为对方做出牺牲和改变的话，那这样廉价的感情还是不要了吧，但凡太爱自己的人，是没办法学着爱别人的。

如果一个男人在恋爱期间都舍不得为你花时间，那就别指望结婚后他还有心思陪你。你一定要分清楚，他所谓的不愿做出的改变是本来就应该做出的让步，还是强词夺理的借口。

02

婷婷超级爱美，是个十足的美少女，爱美到恨不得晚上不卸妆就睡觉。她希望自己呈现在大家面前的永远都是精神抖擞、娇小可爱、时尚漂亮的美人范儿。

有一次我们一起去爬山，她全程都带着一双高跟鞋，她的解释是，只要停下来休息时，就可以换鞋。

可最近，太阳似乎打西边出来了，她常常穿平底鞋和运动鞋，后来才知道，原来她谈恋爱了。因为男朋友个子不算很高，她只要一穿八厘米以上的高跟鞋，两人走在路上就会显得有些不协调。虽然男朋友也说没关系，不过为了保护男朋友的自尊，她还是主动放弃了满柜子的高跟鞋。

当你爱一个人的时候，你就会有一份同理心，你会从他的角度出发，然后努力地为他做出改变。

这样的改变不是委曲求全，不是逆来顺受，不是低声下气，而是在平凡的生活习惯中，尽量做到为他着想，理解他、包容他，甚至是为他做出改变。

很多人都说细节打败了爱情，而这些细节往往是生活习惯和性格差异上的不同，而不是关于你的人格和尊严这种大问题。若真爱一个人，你就会从这些细节里为爱人做出改变。

喜欢是一时欢喜，而爱则是久处不厌。久处不厌的秘诀就在于，你是否愿意接纳那个不完美的他，也愿意为他做出你力所能及的改变。

03

有一天，办公室的一个女同事买了一个榴莲。我对面的男同事在过道上闻到了味道，当时他那反应，感觉像是立刻就要呕吐。可见他特别不喜欢榴莲的味道，更别提吃了。

于是这位女同事决定，我们一起马上把榴莲吃掉。正当我们开动的时候，那位男同事捏着鼻子，皱着眉头走了进来，那表情就像要杀了他一样，但他居然说，他也要吃一块。

当时我就纳闷儿了，极不懂事地问了一句："你不是讨厌这个味道吗？"

后来同事才笑着提醒我："你怎么这么后知后觉呢，榴莲这东西吃了对女生有好处，当然是送给女生吃的啊！"

这时我才反应过来，原来这个男同事虽然讨厌榴莲，但是依旧忍着这难闻的味道，给隔壁他喜欢的女生送去。

爱会改变一个人，准确一点说，就是以一种全新的姿态接纳一个人。爱一个人最好的方式其实不是给他你认为最好的，而是用他喜欢的方式，给予他想要的爱。

他喜欢清淡的口味，于是你做饭时总记得少放些辣椒。他喜欢追剧，于是你一有空也陪着他在客厅里一起看看剧。喜欢是利己，以你喜欢的风格做你喜欢做的事。而爱则是为他，在原则问题以外，更多的是你愿意为他做出改变和考虑。

04

世界上哪有那么多一见钟情、情投意合、一生一世不变的爱，无非是各自做着让步和改变，各自呈现自己的优点，又让对方的缺点不那么明显而已。

所谓的优缺点无非是个人的主观判断，你喜欢内向的女孩子，而她偏偏活泼又外向；你喜欢好动的男孩子，而他偏偏安静又内敛。但你若爱，你就会试着让理想中的他去适应现实中的他，你会改变你原有的思维，而不是固执地不退让。

你若喜欢一个上进的人，你就会因为爱他，而变得跟他一样爱读书、爱运动、爱旅行，你所有的一切，不过是为了让自己跟他在同一起跑线上有更多的语言和认识。只有两个人在精神上达到高度的思想统一，生活上节奏尽量保持一致，才能走得更长远。

那些从始至终恩爱的夫妻，并不是他们有多么幸运，真的遇上了一个完美的人，而是当他们遇见了一个不完美的人以后，在与对方相处时，彼此可以改变思维，改变认识，改变做事的风格和态度，以便更好地接纳不完美的对方。

人们常说，两个人在一起久了会有夫妻相。从某种意义上说，随着时间的推移，夫妻或者恋人会不知不觉地“雕刻”对方，通过无数次地交流，改变对方的特征。一些科学家认为，配偶的这种改变往往是朝着自己所希望的理想方向发展。

似乎每个恋爱中的男女都是那么的骄傲，总是以一种“我就是我”的姿态去谈一场恋爱，而真正成熟的爱，却是懂得“我愿意为了你而做出我可以做出的改变”。

爱是谦让，是宽容，是彼此理解，更是为了在充满红尘气息的爱情里，让自己变得更好，也让对方感到舒适，是共同进步，也是相互接纳，更是在这个百变的世界中，努力改变以求跟你同行，同进，同欢笑。

那些不愿意为爱而做出任何改变的人，他们只是更爱自己，那些愿意为了你而不断改变的人，或许才是值得你牵手的人。

相濡以沫，还是相忘于江湖

01

前几日，临近下班时间，朋友小苏发来一张前男友的微信朋友圈截图，文字是："于千万人之中遇见你所遇见的人，于千万年时间的无涯荒野中，没有早一步，也没有晚一步，爱情来不得半点刻意。"

配图是两人初次相识时的那座城市的照片。

当我试图安慰小苏时，她说，刚看到这条消息时，心里很惊讶，拐弯抹角地问了一下，才知道是前男友发来安慰和鼓励一个朋友的，他那个朋友刚失恋。

小苏说，虽然希望前男友能尽早找到归宿，但在那一刻，她用了惊讶两个字，可见她当时的内心相当不平静，对于那座城市，她依旧难以忘怀。

无论当时谁先松开了对方的手，时过境迁，他们依旧心念着彼此，他们依旧如此在意彼此的动态，依旧那么小心翼翼地揣测着对方的世界是否已经有了新人……

有时候松手只需要一秒钟，而怀念却需要一辈子。有时候我们根本就没试图牵紧对方的手，就轻易地松开了。当放手后，我们感到后悔时，那个人已经与你相忘于江湖。

其实，有机会相濡以沫，又何必相忘于江湖？

02

前几个月，我参加了一个女同学的婚宴。她平时性格开朗，什么事都瞒不过朋友，因为她的生活日常全展现在微信朋友圈里面。

可是当我收到她的结婚请帖之前，却没在朋友圈发现任何迹象。我想，也许是我多心了，万一她只顾着享受幸福，而忘了发朋友圈呢？

不过，当天参加婚礼的同学都说感到很奇怪，她不是一直在跟异地的男友恋爱吗，而且已经坚持了五年。前一阵她还告诉我们，两人现在感情稳定，已经开始准备结婚的事了，为什么新郎却是一副全新的面孔呢？

那天的婚礼，在她脸上根本就找不到幸福的笑容和一开心就露出的两个浅浅的酒窝。

后来我才知道，异地男友放弃了她，因为她家里条件比较优越，而异地男友无论在工作方面还是家庭方面都觉得配不上她。直到有一天，他主动提出了分手，分手后，她就匆忙结了婚。

当异地男友知道她结婚后，简直都要疯了，因为他一直觉得她不会离开他。

他悲痛欲绝，待在家里整天不出门，不见任何人，后来他父母见情况不好，无奈之下打来电话，请她帮忙劝劝他。虽然他此刻知道了自己内心真正爱的人是谁，但如今，他们只能相忘于江湖了。

人年轻的时候，总是说自己有多少压力，背负着多少重担，有多少身不由己的事儿。于是，在根本就没努力过的前提下，松开了对方的手。原本有机会相濡以沫，却轻易地放弃了。

03

有一个朋友，跟男友相处了很多年，感情一直很好。两人信心满满地各自带对方见了父母，男方家长对女孩相当满意，可女孩的妈妈却死活不同意这门亲事。因为男方的家境跟女方比起来差远了，女孩的妈妈担心女儿婚后吃苦，过不上好日子，于是坚决反对。

刚开始女孩还意志坚定，一直在给妈妈做思想工作。可是她一个人的力量太弱，根本就抵不住妈妈请来的七大姑八大姨的劝说。就这样不到两个月，女孩在亲友团的施压下提出了分手。

刚开始男孩不同意分手，一直让她再考虑考虑。

最后一次，男孩说："你真的想好了吗？"

她说："想好了。"

可说这句话时，她的内心极其难受。第二天一早，她实在按捺不住内心的痛苦，鼓起勇气拨打了男孩的电话。可是，电话那头传来的却是提示音——您所拨打的电话已关机。几个月后，电话号码就成了空号。

她再也找不到男孩，后来听人说男孩去另外一座城市打拼去了。

前不久，她好不容易通过一个两人都认识的朋友，打听到了男孩的消息：他有了女朋友，年前准备完婚。

如果当初她竭尽全力地去努力，如果当初她不那么轻易就说分手，即便最后也会因各种原因而曲终人散，可她至少不会心存遗憾，以至于一辈子都难以忘怀。

爱情当然需要面包，但当你把选择的标准过多地卡在搭配面包的黄油上时，若是没了面包，只吃黄油，吃几口你就会腻的。

年轻时，我们总以为物质一定高于爱情。可是世界上最昂贵的根本就不是物质，因为它可以通过你的努力去赚取，而爱情，你却很难去挣，因为它可遇而不可求。

也许离开的人，终究会离开，也许错误的时间里遇到错误的人，之后再错过，可你都没有为此拼尽全力，又怎能奢求有人愿意与你相濡以沫？

多年以后，你悔恨的也许不再是那个人、那份情，而是那段匆忙遗失的青春。就如努力不一定能成功，但若你未曾努力过，就一定会遗憾终生。

04

我们总说无可奈何，身不由己，承受不了残酷的压力，适应不了遥远的距离，抵抗不了家庭的阻力。其实，如果你真爱一个人，即便有一千种理由不能让你们相濡以沫，你也总是能找到一千零一种理想状态靠近他，争取做到不相忘于江湖。

诗人泰戈尔曾说：“如果我占有了天空和满天的繁星，如果我占有了世界和无尽的财富，我仍然有更多的要求。但是，只要我有了她，即便我在这个世界上只有立锥之地，我也会心满意足。”

能牵手时，请别轻易松开对方的手，能试着努力时，千万别轻易放弃了机会。你努力过，才不会后悔，你争取过，才不会遗憾。

愿有岁月可回首，且以深情共白头，在有生的日子里，相濡以沫，携手同游。

爱就是跟你说很多无关紧要的话

01

同事王哥每次接到他太太的电话，第一句永远是：“直接说你想要干什么？”潜台词就是，废话少说，直奔主题。他总是嫌太太说话太啰嗦，对待太太的态度就跟对待工作一样，坚决在有限时间里做最重要的事情，坚决不说一句废话。

出差的时候，他太太也会打电话关心他吃饭没有，天气怎么样，等等。他总是不耐烦地答道：“我现在特别忙，就算没吃饭你能立刻给我送来吗？”然后电话那头就断了线。

世界上重要的事情真是太多了，多到跟重要的人说一句废话的时间都没有。

02

姨妈突发疾病，做了一个大手术，姨父每天都会二十四小时不离身地照顾，一个多星期来都是他一个人在医院守着姨妈。儿女们实在不忍心，就提出轮流照顾姨妈，可是姨妈和姨父都不同意。

有一天，姨父去医院总台缴费，姨妈跟我在病房。

姨妈告诉我："你姨父在这里，其实我也知道他很累，可是我情愿麻烦他，尤其是晚上伤口痛得失眠时，可以跟他说说话，聊聊家常。"

我随口回道："哪有这么多的话题说呀？"

姨妈说："你们现在的年轻人都是在网上谈恋爱、玩游戏、看电影，不像我们那个年代，没手机、没电脑、没WiFi，两个人有说不完的话，从天上聊到地下，从过去聊到将来，甚至是哪天的月亮出奇得亮，也能聊很久很久。"

爱，不是每天听你说海角天涯，白头偕老，生死相依，而是在平平淡淡的日子里跟你聊聊琐事、小事和无关紧要的事。

03

每天清晨6：20，车站的"专车"就会准时来接我。这么早到的人还真不多，大多数人在这个时间还在甜甜的睡梦中。每个月的二十二号我都能遇见一个七十多岁的老大爷，看着他蹒跚的步伐，多走几步都气喘吁吁的样子，我每次都会主动帮他买票。

大概有半年时间我没坐客车去上班，再一次去坐车的时间，刚好是二十二号。老大爷跟旁边的老婆婆离很远就跟我打招呼：“姑娘，好久没有看到你了！”

我这才反应过来，老大爷之前告诉过我，老伴儿得了癌症，必须每个月去省医院开一次药，一次只能开一个月的疗程。这次，老婆婆也跟着一起来了。

我说道：“婆婆你身体不好，就不用每次都跟着爷爷一起去医院了吧。”她语重心长地对我说：“我就想着他一个人太孤单了，路上我还能跟他说说话，解解闷。”

将近一个小时的车程，我就坐在他们后排的座位，听他们聊一些鸡毛蒜皮的小事儿，比如今天的白菜又涨了五毛钱，隔壁王二家的馒头蒸得越来越小，集会上买的中草药还真能治白内障，等等。

跟你聊大生意的人，可能是你的合作者，也可能是朋友，但不一定是爱你的人；跟你共同决策招投标底价的人，可能是你的上司，也可能是你的下属，但不一定是爱你的人；而能跟你聊那些无关紧要的小事的人，一定会是爱你的人。

没有人会无缘无故打扰一个怕麻烦的人，也没有一个人真的有那么多时间听你每天说那些琐碎的小事。

B:“在吗？”

A:“有事吗？”

B:“我没什么事，就是想你。”

大概很多人，都熟悉这个桥段。找你，一定是有很重要的事情吗？我想你，也是一件非常重要的事。

一辈子那么长，除了那些特别重要的大事，人生大部分时间都是由零零碎碎的小事组成的。能跟你谈大事的人可以有很多，因为有利益和功利的牵扯，任何人都可能是你的伙伴。但能跟你在平凡的生活中聊小事的人，也许并不多。没有人会随随便便拉上一个陌生人，问他吃饭没有，感冒好些没有，雨天有伞吗？住的地方还好吗？

虽然我们知道，即便你问了之后，一点用处也没有，但人生和爱，不是拿来用的，而是需要体会和分享的。请珍惜那个能随时都有空陪你聊天的人，也请珍惜那个即便不能马上将温热的饭菜送到你嘴边，但依旧挂念着你的人。

爱，就是和一个你爱的人，在任何一个雷电交加、风雨如晦，或是柳绿花红的日子里，聊聊无关紧要的小事。

期待感，是感情里最致命的伤害

01

我有一个表姐，每年她生日我都会给她打个电话。

去年她生日，我到了中午才给她打电话。她说，感谢我还记得她的生日，可她的老公，也就是我的表姐夫，好像已经忘记了……她让我千万不要打电话提醒表姐夫，结果我还是自作主张地给表姐夫打了一个电话。

表姐希望的是，表姐夫能记起她的生日，原本她以为表姐夫会像十年前追她时那样，每到她生日这天，都会送上一束香槟玫瑰，还有一盒费列罗巧克力，当然也少不了那个多年未变的元祖蛋糕……

可是去年，她明显感觉到，如果不是我提醒了表姐夫，表姐夫绝对想不起来为她庆祝生日。虽然她最终还是收到了表姐夫给她买的生日礼物，但是她觉得意义不一样了，这些礼物根本就不真诚，并不是她想要的。

她想要的是他的诚意，是他不用任何人提醒就知道那天是她生日的诚意，可是他却没有献上她心中的期待，那天她并不开心，反而满心失落，还怪我多嘴。

02

今年表姐生日，我又打了电话给她，她着重提醒了我，再去提醒表姐夫就跟我绝交。因此，我就不敢打了。

其实，表姐知道表姐夫今年应该也记不住她的生日。

那天，她从子夜一点等到当天晚上表姐夫回家，就为了等他说出“生日快乐”那四个字，结果她并没等来表姐夫的生日祝福，更不要说玫瑰、巧克力……表姐夫回家的第一反应是：“你今天很闲吗？这么早就下班了……”

表姐突然就哭了，一连几个小时都止不住。她在意的其实并不是没得到这些礼物，因为对她来说，这些礼物在楼下超市就能买到，她介意他那随随便便的态度，在意的是，这些平凡礼物体现出的他对她的在乎。

她的期待落空了，即便她知道跟自己预想的结果没有多大变化，但她还是特别失望。因为期望越大，失望也就越大。

期待感，是感情里最致命的伤害，当你把所有的期待都寄托在另一个人身上时，你将无比的痛苦和无奈。

03

贝贝的男友最近是这样吐槽贝贝的，不知道为什么，刚开始恋爱时两个人都好好的，也感觉贝贝很知书达理、善解人意，可是等到相处久了，感情深了，她反而什么小性子都来了。

贝贝的男友说，以前跟贝贝一起上街，她会主动要他看路边的美女，而现在他们在一起，她要他看，他也会听她的，随意地看上一眼，结果她不知怎的，就不乐意了。明明说好的两个人一起去见个朋友，她突然说："你自己去吧，我不想去了。"

有一次，两人下班后一起去吃饭，回来的路上她问他："今天的菜好吃吗？"

他很客观地说："不怎么好吃，感觉很一般。"

她立马黑了脸："你走吧，不用送我了，我自己回家。"

还有一次，她说最近工作很忙，这一周都要在公司熬夜加班，让他不用给她打电话了。没想到他真的就没打，因为他怕万一打了电话会打扰她。结果，还没等到一周，她就主动打来电话，死活闹着要分手。

他说跟她在一起真的很累，最累的是他根本不知道自己究竟做错了什么，她为什么总是莫名其妙地生气。

其实她让你看大街上的美女，是期待你不要去看，是期待你说："我不看，最美的人就在我身边，还需要看其他美女吗？"

其实她问你菜好不好吃，根本就是醉翁之意不在酒，她是期待你说，跟她在一起，无论吃什么都好吃、都香，因为有她陪在一旁。

其实她不让你给她打电话，是期待你即使知道她很忙，也控制不住想去关心她；是期待你，即便她不要你的关心，你也会主动去关心，无论何时何地、何种情况。

很多时候，女孩都是口是心非的，她期待你即便知道她在外地，也要千里迢迢地赶来看她，期待你在她说很晚了要睡觉的时候，也要固执地说再聊一会。

一段成熟的感情其实不应该是这样小家子气，但我想，如果你身边的那个她跟你在一起的时候，从来没有这样对你小家子气，或者说对你没有这些期待，那么你就要认真想想她是否真的爱过你了。

因为无论再成熟的女性，面对爱情，她们都会变成一个小孩儿，天真、纯洁又小气。

04

当女孩子对你说没事的时候，其实心里对你的期待是，你依旧知道她心里有事；当女孩子让你走的时候，其实心里期待你留下；当女孩子说算了吧的时候，或许真的是算了吧，因为她对你没了期待，没了依赖，感情也就真的算了吧。

期待感，是爱情里最致命的伤害。一旦对方没有做到你所期待的事，你就会特别失望。

不过，姑娘啊，请理智地对待爱情吧，别整天有事没事地来一出，别一不符合你内心的期待就跟恋人说拜拜，别幼稚地认为世上真的有一个人比你更懂你自己。

当你遇见了爱情，你所承受的一切伤害和得到的一切失望，都是你必须经历的，除非你摒弃爱，放弃爱，不去爱。

05

有人说，女孩子千万不要找最爱的人结婚，因为跟最爱的人在一起，她们会变得敏感、多疑，甚至无理取闹。可是这所有的反映都是因为她们在乎啊，她们只有对一个人很在乎，才会对他有所期待和依赖。

姑娘，很多人会告诉你要乖乖地听话，不要任性，不要胡闹，不要把所有对他的期待，都变成了爱情里对自己致命的伤害。

可是，有些人，如果值得你去爱，那么为了爱，即使受一些伤害又何妨？但是要记住，一切对爱的期待和对他的依赖，都要在那个珍惜你的人面前，懂得适可而止，如此便能爱你所爱。

在以防万一的爱情里，真的有你要的安全感吗

01

A小姐最近准备结婚了，可奇怪的是，她的妈妈并不急着操办婚礼，而是悄悄地着手给她买房子，四处找房源做比较，大有一副不买到一套房子就不结婚的姿态。

于是我好奇地问她："你的未婚夫不是已经买房子了吗？这么多房子，还不够住呀？"

A小姐很无奈地说："妈妈要在婚前给我买一套房子，万一以后有个什么变故，我也好有个落脚的地方。"直白一点说，就是确定婚前财产。

我又问："难道你就不劝劝你妈妈，毕竟，如果被未婚夫无意间知道的话，还是很伤人的，也很伤感情。"

她有些尴尬地对我说："虽然这么做不太好，但以防万一嘛，万一哪天两个人分道扬镳，万一有个三长两短，万一……"

顿时，我就无法接下话去了。

什么时候，对爱的"以防万一"深深地嵌入了我们的思想里，而我们并不知道，以至于跟一个即将与自己迈入婚姻殿堂的人也要用这个词语。

02

Z小姐，家庭条件不错，结婚五年，当了五年家庭主妇，日子过得还算红火，并没有因为物质上的需求而跟丈夫有过摩擦和不快。

最近她主动提出要出去找工作，再也不想待在家里。我猜，她想工作的原因无非是孩子长大了，自己又很闲，或者说跟老公没有共同语言了。

可真正的缘由是，她要自己挣钱以防万一,万一老公哪天不爱她了，万一自己年老色衰再也没有魅力了，万一……

每次在讨论完"家庭主妇要不要出去找工作"这个话题后，我都可以接到五花八门的答案，无论你是倾向于家庭生活，还是想要找到自己的人生价值，只要你有一颗积极向上的心，并知道自己真正想要什么，都可以出去找工作。可偏偏我对"以防万一"这个词，特别的敏感。

在一个讲究女性独立自强的社会，我们强调一定要有一份至少可以养活自己的工作。同时，一份工作也可以让自己充实、坚强、充满活力，也能让我们找到存在感和价值感。而不是整日除了聊八卦、聊美容、聊帅哥，一谈到其他就词穷。

可是，我们好像偏离了自强的初心，当初我们谈及的女性当自强，无非是让自己具备自主生活的能力，具备把生活过得五彩斑斓的能力。

我们培养自己这样的能力，是为了提升自己，不是为了给所爱的人宣誓：离开你，我依然可以过得很好。

这样的话时时刻刻挂在嘴上，不仅会伤了两个人的感情，而且无法让你得到你真正想要的安全感。

真正的安全感产生于自我的意识里，产生于独立的思维方式和独立处事的能力。

03

C小姐对我说，看着现在那些为了男友而背井离乡放弃一切的姑娘，真觉得挺不可思议的。她才不会为了谁而放弃自己的经济大权，更不会天真地以为，真有一个人对她不离不弃，生死相依。

可曾经的她就是这样的姑娘，几年前，她还为了真爱拼死拼活地只身去西藏。那时候，她那义无反顾的勇气和意念，那即便在出租房里也要跟那个他结婚的决心，深深地震撼了我。

可现在，她准备跟男友结婚了，说起买房买车的事，她非要自己出一半的钱。由于一次性拿不出那么多钱，她只能四处跟朋友借钱。

我就纳闷了，既然要结婚了，何必把你的和我的分得如此清楚。男方明明有能力支付剩下的钱，你偏要借钱承担，谁多出一点少出一点，有必要分得那么清楚吗？

C小姐理直气壮地说："这样做可以以防万一，万一两个人感情不和，万一过不下去，万一……到了分家、分财产的时候，也不会觉得谁亏欠谁。"

C小姐说这话时，我并没有看出她在这段以防万一的感情里得到了多少安全感，也并未觉得房产证上有她的名字就会让她高枕无忧、幸福快乐，反而在我心间泛起一股莫名的心酸。

原来我们以为的真爱，不过是一场如同拼车、团购般的生活形式，AA制、打平伙，公平、公正又公开。

那些分得太清和以防万一的爱情，真的会让你拥有脚踏实地的感觉吗？

04

我的一个很要好的朋友，在第一段感情里受到了深深的伤害。

两年后，她又恋爱了，那天她对我说这个消息时，并没有表现出向我分享第一段感情时的那种无比快乐和无比激动的喜悦之情。她告诉我，这一次一定不会像上一次那么傻，男友不在的日子里，她会偶尔想他，但不是特别想，也不会感到特别孤单和寂寞。

听她这样说，我非常高兴，也终于放心了，想着这姑娘再也不会受伤害了，万一以后两人分手，也不至于像第一段恋情那样，让她消瘦，让她难过。

可后来我发现，这一场爱情不过是一场凑合和将就。

如果真爱一个人，你真的能做到不想、不念、不顾、不问？你真的能随时把自己的心管控住，就为了某个可能存在的万一而先行做好离开的准备。你以为这是为自己找一份安全感，其实你内心深处依然害怕、无助和孤独。

我们有多久没有毫不设防地爱一个人，有多久没有毫无戒备地爱一个人，有多久没有毫无准备地爱一个人，好像已经很久很久了。

我们在对的时间爱过错的人，也在错的时间爱过对的人，我们受过伤，有过痛苦，有过泪水，但这一切都不足以成为你将自己内心紧紧把牢的理由。

我们害怕，害怕再遇上一个不懂珍惜的人，害怕总是控制不了自己的思绪，要想念一个根本不在乎你的人，也害怕在一个不经意的瞬间真爱又突然消逝。

于是我们把自己伪装成一只刺猬，但刺猬的刺首先扎疼了自己，也扎疼了爱我们的人。

可是亲爱的，我们处处提防的并不是危险和伤害，而是自己的一颗真心。你都不敢敞开胸怀，明亮坦荡地去谈一场恋爱，不敢大胆直白地袒露你对这份感情的执着和坚定，试问，别人又怎会毫无顾忌地对你付出真心？

也许我们会再次遇见错的人，也许我们会继续栽跟头，可是在这个过程中，我们却能得到想要的安全感，我们能爱，会爱，也爱得起任何我们喜欢的人。爱情里的安全感，不是别人嘴里的海誓山盟，也不是别人承诺的永不离弃，而是我们具备爱别人的能力。

愿你去谈一场毫无戒备的爱情，而不是以防万一的爱情。愿你在毫无戒备的爱情里找到自己的安全感，而不是在以防万一的爱情里愈发寂寞和孤独。

爱无关乎表达的形式，关乎最后的结果

01

小时候，大部分孩子都听大人们说过这样的狠话："上课调皮，就把你送人；偷打游戏，就不给你饭吃；读书不专心，就不要你了；考试不通过，就把你跟别人家优秀的孩子交换。"可后来，上课调皮，请了无数次家长，也没见老妈把你送人；在游戏厅偷偷打了一晚上游戏，老爸也没让你永远不吃饭；没考上理想的大学，父母也没抛弃你；没过英语四级，父母也没把你拿去跟别人家优秀的孩子交换。

中国的父母对孩子的管教，大部分是在打压和制止中树立威信。即使恶语相向，即使棍棒加身，他们的目的也仅仅是出自内心地为你好，让你在优胜劣汰的社会里能寻得一席之地。

即使他们在嘴巴上对你不依不饶，对你说无数狠话，也绝不会放弃你，绝不会抛弃你。

真正的亲情，真正的爱，是即便对你说了那些狠话，依然陪在你身边，不离不弃。

02

雨萌，到目前为止还没有找到工作。待遇好的工作，人家瞧不上她，起点低的工作，她看不上眼。在挑挑拣拣中，一晃就是四年。

姐妹们有个微信群，大家为了激励雨萌，有时候会故意孤立她，甚至提出在每次聚会时都不准她再白搭伙食。

四年了，大家用尽一切办法，不过是为了让她踏入社会，能自己养活自己，不再当一个有手有脚的米虫和啃老族。在这四年里，她一直反复在就业与失业之间徘徊，但这四年，那些对她冷嘲热讽，对她苦言劝诫的姐妹们，无一人真正离开她，而是站在她背后，默默地支持着她。

但凡身边最好的铁哥们和闺密，我都与他们吵过架，经历过深仇似海的冷战，友谊的小船总会在一两次意见不合中，说翻就翻。可是，无论闹多大的别扭，无论下多大的决心，无论说多少狠话，比如，再也不同你一起去购物，再也不约你聚餐，再也不跟你说真心话。可当朋友需要我时，我依然会飞奔着去帮忙，丝毫不记得自己曾经说过的“再也不”。

真正的友情，真正的爱，无关乎你是否曾经批评过我，反对过我，而要看当我遭遇苦难时，你是否对我伸出援手。

03

大学时期的室友琳结婚了，新郎为人踏实、厚道，获得了姐妹团的一致好评。

而在一年以前，琳还一直在等待大师哥为她献上结婚捧花。

大师哥是我们的校友，在一次文艺活动中与琳结识并相恋。大学的恋爱时光美好无忧，可一到毕业季，两人的隔阂和矛盾就开始不断涌现。

毕业后，琳与大师哥因工作分居两地，每天晚上大师哥都会跟她煲电话粥，说各种甜言蜜语。每到周五，琳都会坐四个小时的汽车到大师哥那里，大师哥每次都会承诺到车站接她，可每次都做不到。大师哥总说他很忙，没时间接琳，让琳自己过来，然后再附上一句不咸不淡的抱歉。

有一次，琳让大师哥来她所在的城市看她，经过一番软磨硬泡，大师哥点头同意了。琳满心欢喜地早早地到车站等着，可大师哥一下车就怒火中烧地说，早知道这么远、这么累，他就不来了。后来他真的就再也没主动去找过琳，每次见琳灰心和沮丧的时候，就买几束鲜花、几盒巧克力哄哄她。

到了见家长的年龄，大师哥那边不仅一直没有动静，还经常以工作不稳定、资本不足、事业正在上升期为由，委婉地拒绝琳。

琳现在的对象是一个直爽大方的男孩子，跟琳第一次见面，就说喜欢上她了。刚开始，琳还觉得他是一个玩世不恭的人，但每次琳出差让他来接机，他总会提前告知这几天可能非常忙，可是无论多忙，每次他都会准点或者偶尔迟到几分钟在机场等候。琳是个路痴，常常会在熟悉的地方迷路，他总会戏谑她一番，然后说："站在原地别动，我来找你。"

两人相识一年，男友就提出要带她回家见父母。他知道父母肯定是反对的，因为琳有一只眼睛天生看不见，可是在他的一再坚持中，他还是如愿以偿地将婚戒戴在了琳的手上。

真正的爱情，真正的爱，无关乎你对她说过多少情话，承诺过多少约定，而要看你最终是否兑现了诺言，执子之手，与子偕老。

爱无关乎表达的形式，关乎最后的结果，关乎最终陪伴我的那个人是你，还是你，依旧是你，关乎在我人生的每个阶段都有你在，一直在，依旧在。

不会撒娇和任性，只因没遇见对的人

01

看过叶璇参加《金星秀》的那期节目后，很多人都骂她。观众们无法接受一个毕业于排名全美文理学院第四的韦尔斯利女子学院，与希拉里·克林顿、宋庆龄、冰心等著名人物是校友的传奇女子，居然会跟普通的女人一样，一谈恋爱智商就为零。

叶璇绝对是被很多观众羡慕甚至嫉妒的对象。她是个女强人，绝对称得上是一个功成名就的成功女性。高中毕业时，她以全校第一名的成绩同时被哈佛大学、纽约大学等多家名校争相录取。

可自从叶璇在网上认识了男友小默先生后，一连串不可思议的事情就发生了，不论走到哪儿，她都喜欢秀恩爱，而且一直称小默先生为“宝宝”。

以前她在微博发布的，是各种工作上的宣传和励志类的文章，而现在是：“宝宝，你那么帅，我像不像你的跟班”，“宝宝是我终身的追求者”，“宝宝我乖不，你让我重发我就重发了。”语气是那样娇柔，甚至让人感觉甜得有点过分。

不管这段感情是否为外人看好，但叶璇在谈了很多次恋爱后，第一次在小默先生身上自然流露出了这样的天性——撒娇，各种让人醋意满满的撒娇。

在没遇见你之前，我是那样的强。看不惯那些撒娇的女孩子和嗲声嗲气的萌妹子，可是遇见你之后，我把我平生所有的撒娇和任性，都赤裸裸地呈现在了你的眼前。

02

我在客车上发现了一对有趣的老夫妻。两位老人看起来大概七十多岁，老婆婆得了尿毒症，同时患有白内障，一只眼睛失明了。多年来，老爷爷一直带着她往返于本地和成都看病。最近一段时间，老婆婆的尿毒症加重了，隔一天就得到医院做一次透析治疗。

很巧的是，他们每次从医院出来后坐车回家的时间，都跟我下班的时间超级吻合，所以他们回家的时候，几乎都会与我相遇。

老婆婆性子急，脾气完全就像一个三岁的小孩子。但不管她怎么闹腾，老爷爷都让着她，从来不生气。

老爷爷一上车就问她："肚子饿了没有，我拿饼干给你吃。"

老婆婆把头一偏，斩钉截铁地说："不饿。"可不到三秒钟，她又说："我要吃。"

"你不是说你不饿吗？"

"我现在饿了嘛。"

于是，老爷爷慢腾腾地从包里把饼干拿出来，再掏出一把小剪刀，细心地在包装袋上剪一个小口子，然后一只手将饼干喂到老婆婆的嘴里，另一只手拿着茶杯，怕她渴了。

老婆婆就这样对着老爷爷任性，一会儿要这样，一会儿要那样，一会儿又不要那样……可是在这些看似无理的要求中，连我这个旁人都感受到了他们彼此之间传递的真爱。

任性是依赖的表现，因为潜意识中你认为，无论你怎么胡闹，那个人一定会原谅你，你在一个被保护的安全范围之内。

女人只会对身边最亲近的人撒娇和任性，有时连她都讨厌自己，那个男人却不厌其烦地宠着她，这就是爱情。

03

小涵的妈妈经常说："你看看小涵，就跟假小子一样，做事大大咧咧，不够温柔，说话太直，硬邦邦的语气一点儿也不柔和。"

以前，每次我到小涵家，小涵妈妈跟我数落小涵，话外之音无非是小涵这种性格不好找对象。

但这段时间，我被吓到了，眼前的这个女孩子还是我认识的那个小涵吗？

从前，寝室里如果有谁跟男朋友打电话超过半个小时，小涵就会像一个家长一样，劝导说："有这么多话说吗？全说些废话，还不如腾出时间睡个美容觉。"

可现在，她跟隔壁家王大妈的儿子恋爱了，两个人别提有多磨叽，一日三餐都打电话，"你在做什么呀，每天都很想你啊"……即使姐妹们在一起时，她也无暇理会。我们也发现她电话里所讲的内容，跟当年她说我们的一样，全是废话，而且是甜得发酸的废话，真是让人受不了……

一个女人遇到一个好男人，一辈子都不需要成熟。一个女子越来越成熟、稳重、坚强，可能是她还没有遇见一个真正对她好的男人。

哪有人是天生的女汉子，哪有人不需要人疼，不需要人爱？不过是没遇见那个对的人罢了。而那些不够温柔，不会撒娇，不会一点点小任性的女人，不是她们不懂，也不是她们学不会，而是没遇见那个对的人而已。

如果你身边也有这样的单身女孩，独立得让人只能敬畏，坚强得让人只能远观，成熟得让人只能佩服，不要去试图提醒和纠正她们，因为你想说的，她们都懂。

她们只是把所有的撒娇和任性，都留给了那个未来的他。

可爱又可气的姑娘，愿你一生有人宠，愿你那些撒娇又任性的小脾气，永远都能换来他摸摸你的头，对你轻声说：“乖，别闹。”

NO.6

所有仪式感，都是对人生的加冕

姑娘肤不肤浅，
跟裙子穿太短真没多大关系

01

每到炎热的夏季，美女们就会穿上彰显性感的短裙。但有些美女即便身材再火辣、再出挑，穿的裙子再短，也不会让你有一见倾心的感觉，至多赚个一次性回头率。而有些不算太美的女性，同样是穿着短裙，你不小心看了一眼之后还想再看一眼呢。

我在大街上见过一个打扮很时髦的女性，可看到她的第一眼，我的感觉就是她根本毫无美感。看看她东倒西歪的走路姿势，背弯着，腿上的丝袜破了好几个洞，全身散发着劣质香水的味道，嘴里还霸气十足地叼着一根烟，四处张望着以求得关

注，这样子实在是让人无法为之侧目。她的美有些肤浅，而肤浅的原因，根本就不是因为穿的裙子太短。

她的肤浅是因为错以为自己穿着超短裙就能吸引别人眼球，而根本就不懂美不美不重要，穿着得体才重要，打扮得有质感才重要。同样便宜的香水，同样短的迷你裙，如果搭配使用在其他女性身上，也许就会有翻天覆地的变化。

02

口红涂得红不红，妆画得浓不浓，裙子穿得短不短，根本就不是姑娘肤不肤浅的评判标准。

我曾经在一个写字楼下见到过一个美女，刚开始，我的第一感觉是她的裙子好短，可是多看了几眼之后就感觉，哇，好有气质，好有内涵，让你根本就联想不到肤浅二字。

她的头发盘得高高的，妆容非常精致，穿着一件白衬衫和一件黑色短包裙，配了一双红色细高跟鞋，左手拿着一个公文包，右手戴着一块跟她气质很称的手表，走路的脚步铿锵有力，眼神中透着一股自信，颇具成熟职场女性的气质，还有强大的气场。

同样的短裙，为什么不同的女性穿起来会给人不同的感觉，那是因为气质不同。一个女性的气质，是经过岁月的积淀累积而成的。你见过的人，你经历的事，你读过的书，你走过的路，你的性格、胸襟和格局，才是决定你是否有深度的重要因素，而非裙子的长短。

03

很多女孩子都喜欢在淘宝上买“明星同款”服饰，但穿在自己身上之后似乎就完全变了味道。原因其实并不是她们买的是仿货，而是她们没有驾驭这件衣服的能力。

穿衣的最高境界就是，无论穿什么，都能穿出自己的风格和味道，是你在挑选衣服，而不是衣服在挑你。

即使你身上穿着品牌服装，但你那满口脏话和不讲卫生的习惯，再高贵的衣服也掩盖不了你的肤浅。

有些人穿着朴素得体，没有过多的锦衣华服，依旧可以把自己打扮得漂漂亮亮。你穿什么真的不是重点，关键是你的气质要与之相配。

戴眼镜的不一定是文化人，吃路边摊的不一定是穷人，开宝马的也不一定是富人，同样，裙子短也不是你肤浅的原因，你的气质比什么都重要。

04

我见过一个三十岁的单亲妈妈，她带着一个孩子，最后嫁给了一个没有婚姻史的男人，而且这个男人的家境不差。也许第一次知道这个消息的时候，你会觉得诧异，但是当你跟这位妈妈相处几天后，就会明白为什么这个男人非她不娶。

这位妈妈不喜欢化妆，但脸上洋溢的青春气息和眼神里对生活的憧憬，更胜过那些化了浓浓眼线，却从眼睛里看不到一丝生趣的女人。

这位妈妈穿的不过是街边买的“跳楼价”衣服，但看着她那昂首挺胸的身姿和洋溢着微笑的脸庞，你根本就不会过多在意她的穿着。她说话温言细语，有条不紊，不骄不躁，远远胜过那些发着大小姐脾气，颈上带着卡地亚项链的女人。

如果你自身底气十足，拥有积极向上、快乐幸福的心态，你就是美丽的。即使你没有名牌化妆品和服饰来衬托，你也可以很美，那些东西只不过是锦上添花的点缀而已。

05

有人说，真正的美女一定要剃了光头才能分辨。你看宁静、范冰冰和刘晓庆，不要说剃光头发，就是剃光了眉毛，你也会觉得她们很美。

你的问题，并不是因为腰不够细，腿不够长，脸型不够尖。你的性格、你的气质、你的谈吐、你的内在品质，才真正决定了你够不够美丽。

你可以不漂亮，但一定要有气质；你可以穿短裙，但一定要有品位；你可以任性，但一定要有为自己买单的实力。

如果你暂时什么也没有，没关系，勤奋的姑娘、爱笑的姑娘、大气的姑娘，即便长得不漂亮，穿得不漂亮，也可以活得很漂亮。

你可以穿不起香奈儿，你也可以没多少衣服可供选择，但永远不要忘了最重要的衣服叫自我。

最好的相爱就是彼此自在

01

表哥自从大学毕业后，一直奋斗到三十岁，终于有所成就，却耽误了婚姻大事。不过，以他的条件，成家不是难事。这不，左邻右里们都争着旁敲侧击地跟姑妈提亲。

可是，表哥每次都不买账，总是以跟女方聊不来或性格不合为由推脱。因此，大家一致认为表哥在择偶条件上太挑剔，一般女孩根本入不了他的眼。

不承想，姑妈生日那天，表哥竟意外地带一个女孩回家来了，并跟家里人介绍说这是他的女朋友。让人想不通的是，这个女孩长相一般，工作单位一般，家庭条件也一般，按姑妈当时的说法就是，一个什么都一般的女孩怎么就迷住了自己优秀的儿子？

后来姑妈私下安慰表哥说，千万不要为了讨好她，随便带个女朋友回来，谈恋爱可以将就，但婚姻决不能将就。

表哥无奈地说，这次他是认真的。姑妈连忙问他缘由。表哥说，跟这个女孩相处一点儿也不觉得累。

表哥平时工作非常忙，每次女朋友打来电话知道表哥正在忙时，都只会说一句“你先忙，空了再回我”，她从来不会在这些客观的事实上闹脾气。

有一次，两人已经一个月没见面了，好不容易约好周末一起爬山，可是刚到了山脚下，表哥突然接到了领导的电话，要紧急处理一项工作。为此，表哥不得不丢下女朋友飞奔到公司。女朋友当时非常生气，可等气头一过，心情也就云淡风轻了，她并没有就此事再责怪表哥。这样的姑娘，为人大气，不失分寸，自然会惹人爱。

姑妈生日的前一晚，两人还闹过别扭，可是姑娘很给表哥面子，第二天春光满面地来参加生日宴，并给姑妈带来了温馨的小礼物。

她处事是非分明，不会将两人之间的隔阂连带给他的家人。跟这样的姑娘相处，就像是在雨天恰好发现包里有一把雨伞，不早不迟，刚刚好。这样的女孩子拥有一种豁达开朗的心态，懂轻重，知进退，相处起来也不会让人感到疲惫。

02

有一次我地铁上，碰到了一对吵架的恋人。女生歪着头故意不理男孩，男孩在一旁不停地向她认错。女孩当着地铁里众多乘客的面大声地说了句：“闭嘴，我不听！”然后戴上耳机，一副毫不在意的样子。很多人立马把目光投向了男孩，男孩的脸就像熟透的苹果一样，刷地一下就红了。

从男孩的话语中，大概知道了他们吵架的原因，只是因为两人在某一件事上的意见不统一。地铁上，尽管男孩说尽好话，可是女孩就是不理他，于是在地铁的下一站，男孩突然不顾女孩，一个人下了地铁，扬长而去。女孩泪如雨下，在车厢里哭得不成样儿。

恋爱初期，男孩也许会为了新鲜感而隐藏自己的脾气，对你处处讨好，可是时间一长，他就会觉得特别累。男生的耐心就像一根弹簧，你无缘无故地就在上面上蹦下跳，有事没事就挑弄一下，它终有一天会失去张力和弹性，甚至会在你毫无防备的情况下彻底断裂。

03

小美每次跟男友吵架，都是男友先给她台阶下，但她最聪明的地方就是，每次男友台阶一搭，她马上就下。她还总能让很多矛盾在风趣幽默的对话里冰消瓦解。

有一次，两人吵得特别厉害，进入了冷战期，彼此不说话、不联系，但她依然能把握分寸、尺度。

晚上七点，男友实在挨不过了，就顺道端了一盘草莓过来让她吃，虽然嘴上没认错，但意思就是咱俩和解吧。小美二话不说地接过草莓，故意发出吃草莓的声响，逗趣说："真是香甜可口呀。"逗得苦皱着眉的男友大笑不已。就这样，两人的隔阂也就消除了。

有时候，小美感觉男友心情不好，且久久不见他主动示好，也会主动示弱。这时她就会装可怜，温柔得就像一只受伤的小兔子，对男友轻轻地说："我知道错啦。"看吧，多大的矛盾，都抵不过一个懂分寸的姑娘所拥有的率性天真。

姑娘适当的撒娇就像小溪的流水，幽幽的，平和的，却能冲刷掉石头坚硬的棱角。而过分撒娇和无理取闹，就像是一个上了年纪的女人扎着两根青春无敌的麻花辫，总是让人感觉别扭和奇怪。

出现分歧和矛盾时，对方给你台阶，你就赶紧下。有些姑娘，需要男生给出足够低的台阶才肯屈尊，勉强下台。跟这样的姑娘相处久了，就会感到特别的压抑。

生活中还有一类特别无趣的姑娘，当对方给她台阶下时，她还会因为自己的自尊心和荣誉感，特意问："你知道错了吗？错在哪里？"

无论他错没错，他给你的台阶就已经证明了他在乎你，对错已经不重要了。在感情的世界中，在意的常常是情，而不是理。给对方一些空间和余地，这样的相处才会让人觉得轻松自在，无压力，不心累。

做一个懂分寸的姑娘，刚与柔并生，感性与理性并存。你会发现，无论处于什么关系，你都能游刃有余。

她并不是你想象的样子

01

我的一个朋友玉儿，最近的表现有些异常。她原本是一个走可爱路线的女孩子，毛毛鞋、蝴蝶结、蓬蓬裙，这些都是她的最爱，不论走到哪儿都被称为未成年人。可有段日子，她频频穿细高跟鞋和职业套装现身。后来大家才知道，是她喜欢的男孩子多次向她有意提起喜欢成熟型的女孩。

她不喜欢穿高跟鞋，看着她脚上磨了一层又一层的茧，却依然痛苦支撑的样子，实在让人心疼。明明就不喜欢黑色的包包、黑色的衬衣、黑色的袜子，还非要把这些跟她气质一点也不相称的东西硬套在自己身上。

一年以后，两人还是分手了，分手的原因是因为男友嫌她外在不够成熟、内在不够丰富。后来有一天，她哭着打电话告诉我，那个男孩的现任女朋友一点也不成熟，甚至比她还要幼稚、任性。

但这又能怎样，能说明他欺骗了你的感情，或者破坏了你的心情吗？我冷静地告诉她，这并不是谁对谁错的问题，问题是他根本就不喜欢你，所以才会挑拣你身上的各种他认为的缺点。

现在，玉儿又恋爱了，她回归了本性，又重拾了天真烂漫的性格，而玉儿现在的这个男友，却把她所有的“缺点”都当成优点。

总有人把你的天真无邪当作浅薄，但真正爱你的人会认为这很可爱；总有人把你的深思熟虑当作城府，但真正爱你的人，会认为这很理性；总有人挑剔你的家庭、你的出身、你的工作，可总有人也爱着你的家庭、你的出身、你的工作，乃至你的一切。

02

秋霞和邵东都是我的大学同学，他俩大学期间就是恋人，毕业后依然形影不离，着实让人羡慕。

可是，最近秋霞突然跟我抱怨起邵东。她说：“你知道吗？我真的很累。在邵东面前，我总是面面俱到，既是有母性的大女人，又是有气度的小女生。在他眼里，我必须是优秀的、完美的、毫无差错的，可以在遇到大事儿时处乱不惊，也可以在与他有摩擦时谦和忍让。我稍有差池，他就会埋怨我、怀疑我，总是说我不再是他之前认识的那个完美女孩了。”

我们不是一生下来就能贤淑懂事，也不是未经世事就能左右逢源，大气礼让。每个人都是从岁月的年轮里经历过不完美、不优秀、不美好之后，才逐步走向成熟、优秀、成功的。爱你的人，他不仅爱你最好的样子，也会爱你在蜕变时的样子，更会将你偶尔的小脾气、小吃醋、小胡闹，照单全收。

03

晴儿又被妈妈安排着去相亲。虽然每次的相亲对象都很出色，属于性格好、脾气好、人缘好的好好先生一类，但每次都没接触多久就无疾而终了。当然，操心的妈妈总是责怪她故意推脱，邻居也会说她要求高、心气高。其实我们都知道，并不是她心高气傲，而是这类好好先生都只爱她完美时候的状态，没有一个人能接受她失败时的样子。很多人爱她的美貌，却很少有人爱她偶尔的不施粉黛。很多人爱她的人气，却很少有人理解她的无奈。很多人爱她的勇气，却很少有人知道夜深人静时，她也会孤单和害怕。

04

我们都喜欢一个知书达理、美丽端庄、秀外慧中的她，也都喜欢一个品貌非凡、英俊潇洒、气宇不凡的他。但他们原本的样子并非你现在看到的样子，他们也是从平凡的生活里磨炼出来的人。他们在岁月的打磨中，就是一个普通的不能再普通的平凡人。

一些服务行业的优胜者，他们会被客户骂得狗血淋头，也会亲自挽起长袖拖地抹桌，更会在连续的加班熬夜中不加清洗，倒头就睡。他们希望你爱他们原本的样子，原本不完美的样子，你既要看到他们的优点，也要接受他们的缺点。

一些事业心和工作能力都很强的女性，说不定并不如你想象的那样，既能上得厅堂，又能下得厨房。一些精明能干、见多识广的男性，说不定连家里的电灯泡都换不了。原本我们都是平凡的人，无论我们如何优秀和出挑，都逃不过原本的样子。如果爱，希望你不仅深爱他们最好的样子，也要包容他们原本的样子。

我们的初心是一定要成就更好的自己，去遇见那个更好的对方。但在对方爱上我们时，我们希望将自己最真实的一面全部呈现给对方，希望对方能接受我们的一切美好与不美好。

如果爱，请爱我原本的样子。愿你身边刚好有一个人爱着你原本的样子。

没有你，我依旧充满力量

01

毕业那年，大家都面临选择，是留在成都继续追求梦想，还是回到老家找一份稳定的工作。

当时家里人轮流劝我，一定要回来工作，一个女孩子有个稳定的工作，将来好找对象，生活也会轻松很多。可是我还是在众人反对、无人支持的情况下，毅然决定留在成都。

那时候，我经常给女性朋友们打电话，以求得到她们的支持，如果她们认为我能行，我的全身就会充满力量，如果她们认为我不行，我就会怀疑自己的能力。

很长一段时间，我都依赖于别人的鼓励，我靠这点外在的力量，勉强维持着前进的步伐。直到有一天，因为工作上受了委屈，我找同事抹眼泪倾诉时，她告诉我，我的力量只能来源于自己，一个内心不能产生力量的人，无论如何也走不远。

02

我的一个大学同学，当初考研的时候，一直很纠结、很痛苦。同寝室的大部分女孩子都在紧张地准备应聘的简历、服装，讨论面试技巧，只剩下她不合群地温习考研资料。

室友们纷纷劝她不要折腾了，考研哪儿有那么容易，既浪费了工作的黄金时间，也会错失很多失不再来的机会，即便考上了，一样会担心研究生毕业后怎么找工作，总之考研是一个高风险的选择。

那晚她打电话问了父母的意见，结果不出所料，父母说，女孩子要那么高的学历干吗，学历太高的话，连男孩子都会怕你，以后还怎么嫁人。

后来，她在无人支持的情况下，每天穿梭于图书馆、食堂和寝室的路上，别人都拿第一份工资了，她还要靠父母的补贴过日子。

最终的结果，并没有太尽如人意，因为她没考上心仪的专业和学校。

但她说，她一点也不后悔，因为人生本就是一场经历，一个真正强大的人，一定是自带光芒的人，她知道如何给自己加油打气，知道如何安慰和鼓舞自己，即便全世界没有一个人肯定她的选择。

这样一种内在的力量，虽说没有让她在考研这件事上取得胜利，但我相信，迟早有一天，这来源于自我的力量会成就她。

03

每个人似乎都有这种境况——当你想要干某件事时，会急切地寻找鼓励你的力量。

如果有人鼓励，你多半会有勇气开始。如果没有一个人支持你，即便你已经执着地开始，途中也会因孤苦无助而选择放弃。

在各种颁奖典礼上，获奖者都会感激地说："没有观众、父母、朋友、粉丝的支持，我一定不会走到今天。"

可是，一个人的力量，更多时候来源于他本身，别人能给他的支持和鼓励只是成功路上的辅助力量。

但凡需要别人鼓励才能坚持下去的人，都不是真正的强者；但凡需要依靠别人的言语和行动来支撑的人，也不是胜者。

愿你在前进的路上，收获更多来自于他人的支持和鼓励。若没有，我相信你依旧充满力量！

NO.6

衣服可以买打折的，但感情不能选打折的

01

我不太爱逛街，也不太爱买衣服。每到打折季都有朋友约我一起去商场淘衣服，可我几乎从来不去。每次她们都说我很“土豪”，因为我喜欢的衣服，一般都不参与打折。

虽然我现在一年也逛不了几次商场，但如果看到自己喜欢的，即使再贵，也会果断买下，当作战利品带回家。换成以前的我，会犹豫、会等待，会想着总有一天我想买的衣服会打折。

有一次，我看中了一件大衣，但因为是新品，价格太贵，我舍不得买。我安慰自己说，过段时间总会打折的。我等了一个多月，几乎每周都会去商场看一眼，连店员都认得我了。后来，我实在无法忍受这种“相思之苦”决定买下时，店员却告

诉我已经卖完了。

还有一次，我看中了一条裙子，也是因为价格太贵而犹豫了好几天。当我返回去打算买时，那条裙子依旧在那里，我却再也没有想要买下来的冲动了，最后只能失落地回了家。

衣服，只要你喜欢，无论是打折的还是原价的，其实都无关紧要。如果你喜欢的偏偏是原价新款服装，而且价格也在你承受的范围之内，其实你真的不用考虑那么多，毕竟多出点钱可以买来开心，买来即刻拥有，买来你要的就在眼前的感觉。

如果你面对的是一份感情呢？你能接受打了折扣的感情吗？要知道，感情这东西，可不是用钱就能买来的。

02

我认识的两个姐姐，她们的故事完全是截然相反的。

其中一个，她过得很滋润，什么都不愁，因为她嫁给了一个有钱的老公。可是，有钱并不代表人好。她跟老公属于零感情基础建立的婚姻，老公只是看中她的美貌、学识和书香门第的家庭氛围。而她只是觉得自己到了适婚的年纪，该找个物质上看起来门当户对的人嫁了。

原本她以为，两个人的感情可以通过共同生活中的日积月累而有所增长，却不料八年去了，她对老公依旧没有爱的感觉，没有那种由心底生出来的自然而然的对异性倾慕的感觉。

而她老公呢，总说工作上有应酬，几乎很少回家，一回家就像害怕被人联系似地关掉手机。两人的生活被很多人羡慕着，毕竟出门有司机，回家有保姆，连逛街还有陪同。

可是这个姐姐说，她过得并不好，一点也不幸福，原本她以为爱情就跟商场里打折的衣服一样，即便有些细节你不满意，但总体来说性价比高啊，还可以将就着穿嘛。

而人的感情就不一样了，如果你对爱打折，必定不能收获全心全意的爱。

这个姐万分后悔地说，女人的衣服可以买打折的，但感情和婚姻，千万要不能选打折的，要选你内心最满意的，而不是性价比最高的。

03

另一个姐姐，一直想找我聊天、逛街。可无奈的是，我每天必须写完了一篇文章才允许自己休息。我对她说了抱歉，因为如果事情没做完的话，我做其他事心里绝对不会踏实。但姐姐说没关系，她等我。那天，她在我的房间足足等到晚上八点半，我才忙完，跟她出门一起谈心。

姐说起了自己的感情经历，她和老公如何苦尽甘来，如何携手度过了诸多难关。但她重点说的都是老公如何爱她，比如她晚上口渴，即便老公睡得正香，只要一听到她喊渴，他就会条件反射地去接水……只要她说累了，老公绝对会立马进入角色，搞笑地说：“是谁那么大胆把我媳妇儿累着了。”这样有趣的生活过了足足十七年了。

姐姐说，人生除了感情不可以将就，其他都可以将就。比如她随老公回四川老家，第一次下农田割麦子、收谷子，第一次为了省电费而半夜起床不开灯，第一次为了省钱而穿着在农村街边买的打折衣服，她是从大城市来的，这些衣服在她眼里真的不算漂亮，但为了爱，她可以忍受。

第一次，无数个第一次……她这个从北京来的姑娘做了很多次妥协，做了以前从来不会干也不会将就的事，可是为了爱，她愿意。

04

世界名著《包法利夫人》的女主角爱玛，跟男主角查理·包法利结婚了。爱玛在婚前根本就不确定自己是否真的爱他，只是想着自己能到城里居住，能见到更多的新鲜事物。可婚后，她却发觉查理是个平凡且庸俗的人。查理的谈吐像人行道一样平板，见解庸俗，如同来往行人一般衣着寻常，激不起情绪，也激不起笑或者梦想。

查理不会游泳、不会比剑、不会放枪。有一次爱玛跟他聊天时用到传奇小说中的一个骑马术语，他竟无言以对。她悔恨自己为什么要结婚。有时，她为了弥补感情上的空虚，向查理吟诵她记得的情诗，一面吟，一面叹息。可是吟过之后，她发现自己如同吟唱前一样平静，而查理也没有因此而感动，正如火刀敲石子，她这样敲过之后，不见一颗火星冒出来。

后来爱玛爱上了不该爱的情人，故事的结局就如另一部世界名著《安娜·卡列尼娜》一样，女主角自杀身亡……

如果当初爱玛遵从心的选择，如果不是因为单纯地想离开那片生活了十几年的村庄，而选择与查理·包法利将就在一起生活，如果她对爱人有自己内心的标准和要求，而不是盲目地认为，谁能带她离开她就跟着谁，那么悲剧也许就不会发生。

在感情里，一切痛苦大都源于将就。本以为自己能强大到对一个不爱的人强颜欢笑，可最终你还是笑不出来。本以为你可以跟一个不爱的人将就地生活，可最后却发现，心总是那么倔强，不由得你选择和逼迫。

他不在你身边，日子也不能将就过

01

兰姐的老公自从升职后，就一直在外地工作，只有周末才回家。

对兰姐而言，她的生活状态完全是走了两个极端。

周一至周五，她始终穿着一身休闲服饰，脸上没有一丝笑容，每顿饭都是随便吃点楼下小店的快餐，从来不会认真梳妆，就连头发分叉了也懒得打理。总之，一个人的时候，她什么都将就。

而每到周末，她会化妆，涂口红，穿上高跟鞋，换上一条美丽又得体的裙子，还会把压箱底的首饰翻出来戴一戴。总之，老公一回来，只要能展示美的东西，她都会拿出来试一试。

兰姐说，一个人的时候，她才不想折腾，因为没人看啊。

老公不在家的时候，她就事事都将就。

02

静姐跟男朋友分手后，一蹶不振了一段时间，每天就那样浑浑噩噩地，将就吃，将就穿，对什么事都提不起兴趣，觉得没有了男朋友，连生活也不再有任何意义。几个月之后，她才终于从失恋的阴影里走了出来。

她会在新的电影上映时，一个人买上一大份爆米花，边看电影边消灭它。她也会在每个周末，专门为自己精心做上一顿可口的晚餐，还会在睡觉前给枕头滴上几滴香水，然后闻香入眠。

她再也不会像以前那样，男朋友没空就不去看电影，每次去超市买菜都买男朋友爱吃的，每次只有见男朋友时才舍得喷香水。

玛丽莲·梦露曾说，她每天晚上都要穿“香奈儿5号”睡觉，即便是她一个人，也丝毫不会为了谁而对自己的生活有所懈怠。

他不在，你就不用对自己用心了吗？你就不用好好吃饭、好好睡觉、好好玩乐了吗？相反，他不在的时候，我们更要把生活过得有滋有味。他在的时候，你是什么样子，他离开的时候，你也依旧是什么样子。

我的口红不只是为他买的，我的笑容也不只是为他绽放的，我的青春更不只是为他盛开的，我原本就是这个样子，他不在的时候，我依旧笑颜如初，乐观自信。

03

有一次，我到一个姐姐家谈些事，晚上八点她还没吃饭，因为她要等老公回家一起吃饭。后来她老公打来电话说，今晚临时有事要加班，就不回家吃饭了。

电话挂断后，这个姐姐非常生气地说："我做了满桌子他爱吃的菜，现在说不回就不回了，我都没心思吃下去了。"于是就把所有费尽心思做好的菜都放进了冰箱，只留一盘素菜在饭桌上。

当时我根本不知道要怎么安慰她，我心里想：为什么满桌子菜都做她老公爱吃的？为什么就不能做上几道她自己爱吃的菜？为什么她老公不回家，她就没心思吃饭？

大多数女性在感情中一味地付出，到了最后把所有的好都给了对方，而把所有的将就都留给了自己，一旦他不在，似乎连吃饭都失去了意义。

04

很多女性对待生活从来都是两个标准，她们常常把好的标准给了别人，而把坏的标准给了自己。可现实生活中，不是你把好的都给了别人，你无私到了忘我的境界，别人就会感激甚至爱上你。

当你完全沉浸在自我付出的状态里，而他不理解、不接受，甚至离开你时，你就会感到特别失落，特别委屈。你会想，为什么你对他这么好，而他却这样绝情，你对自己可都没这么好过呀。

大多数女孩子在感情中受伤害，其实都是自己一手造成的。你为他做了一个新发型，涂了新指甲，买了一款新包包，可只要他说不好看，或者不被他关注，你就会觉得这一切都不值得去做。

可是亲爱的，即便他不在，他没看见，他不认同，你就不能过好自己的生活，你就什么都将就，连穿什么、吃什么、用什么都马马虎虎、随随便便吗?

他不在时，生活一样要过得精彩，过得有质量，过成自己喜欢的样子。

无论那个他在不在，你都不能对自己将就，因为只有你认真对待自己，他才会认真待你，生活才会认真待你。

姑娘，即使他不在的时候，头也要抬得高高的，衣服也要穿得美美的，就连外出也要像跟他去约会一样，做个造型，喷些香水，精心打扮一番再出门。

世界上根本没有感同身受这回事

01

网上流传着一篇小诗：

每个人都有一个死角，
自己走不出来，别人也闯不进去。
我把最深沉的秘密放在那里，
你不懂我，我不怪你。
也许，我太会隐藏自己的悲伤；
也许，我太会安慰自己的伤痕。
从阴雨走向艳阳，我路过泥泞，路过风，
一路走来，你若懂我，该有多好？

这首诗写出了很多人的心声。可以说，每个人的内心都会为了某个人、某件事留有一处不见光的死角。可随着年岁的增长，你会越来越明白，世上真没有一个人能完完全全地懂你，因为很多时候，就连自己到底想要什么，你也并不是十分清楚和坚定。如此，又怎能祈求一个人比你自己还懂你？

02

奶奶去世的那年，我悲痛欲绝，第一次明白失去一个最爱的人到底是怎样一种感受。那段时间我关掉了手机，断绝了所有与外界的联系。我不想去听节哀顺变这样的话，亲人去世的悲哀，又岂是一两句话，一两天时间就能消解的？于是我狭隘地认为，世上真的没有懂我的人。没人懂我的痛彻心扉，也没人懂我的孤独无助。

可是别人为什么一定要懂你？直白一点说，别人即便想帮你，也爱莫能助，也只能对你所遇的事表示遗憾和惋惜，毕竟他们并没有接触过那个你要天上的星星，就会拿着一根长长的竹竿去帮你摘星星的奶奶，也没有见到过那个为了逗你开心，而学走猫步的奶奶。

每个人的一生都是一个故事，世界上有多少人，就会产生多少种不同的故事。虽然故事的形式有相似之处，但故事里的主角、场景、时间等全然不同。你的痛苦、欢乐和无奈，也只有经历了你所遇到的那些境况的人，才能真正理解。

03

大多数情侣分手的理由，都有一条原因：对方不懂你，没有共同语言。共同语言，就是泛指相同的思想、认识和生活情趣等。

朋友小何是个超级爱美的小女生，每个季节新出的衣服款式和香水，她都会迫不及待地想要跟男友分享。可男友每次听完后，都只淡淡地回一个“哦”或者“嗯”。

小何一本正经地跟我提起这种情况：“当我很认真地跟男友说话时，他却冷冷地敷衍我。你知道吗？我都被他伤透了，他根本就不懂我的心思。”

可是，小何的那些心思，其实都是些女生的小心思，都是些关于美貌和漂亮的小思绪。她常常不分时间、地点和场合，想要聊什么、聊多久，都要求男友必须全程配合。

小何的男友特别喜欢运动，小何对运动却毫无兴趣。男友也常常跟她讲上半天足球、篮球、乒乓球，也会在双休日拉着她去爬山，并且整整两天都做与运动有关的事。

随着平淡的生活日渐冲击因荷尔蒙而产生的激情，两个人的感情也越来越淡，渐渐地，两人对当初伪装出来的共同语言失去了兴致，也失去了爱情最初的纯真。

我懂你喜欢的，但这并不代表，你喜欢的我一定会喜欢。懂得，并非只有相同的爱好和志趣才算是心有灵犀。就跟男性永远不明白，烫发除了有直发和卷发之外，还有螺旋烫、喇叭烫、陶瓷烫等几十种分类；女性也搞不懂，相同颜色和同等价位的汽车，发动机型号和底盘部件能有多大的不同。

世界上没有两片相同的叶子，更谈不上相同的两个人。你懂自己，懂自己的爱好，懂自己的生活，懂自己的梦想，就很好。有没有人懂你，其实真的不重要。

喜欢什么，爱什么，就去喜欢和爱。想要得到什么，就去争取什么。不必强求别人懂你的一切。懂你的人只是在扮演着一个分享的配角，而不是感同身受的主角，世界上也没有感同身受这样的好事。有没有人懂你，其实真的不重要。

04

对于留在大城市还是回到小县城工作；对于找一个你爱的人还是爱你的人做伴侣；对于当一名工作稳定却缺少热情的公务员还是当一个举步维艰却自信满满的创业者……也许每个人都经历过这样二选一的迷茫，不知道该如何抉择。因为任何一种选择都表示你会得到其中一种肯定，同时又会失去另一种可能。

当遇到重大的人生抉择时，我们多么希望身边出现一个懂我们的人，给一个让我们豁然开朗的建议。当我们向家人和朋友倾诉心事、征求意见，而他们的回答未能令我们满意时，我们常会对他们发脾气，并尖锐刻薄地责怪说："你不懂我。"

别人当然不懂你，因为连你自己都不懂，又怎能要求别人懂呢？问题的很多纠结点并不在于别人不懂你，而是你太贪心，既想待在一个轻松安逸的小县城里，干着朝九晚五的工作，又想同时拿着大城市的高薪；既想找一个对你好的人，又不愿以同样的真情去付出。如果剔除这样的功利心和虚荣心，安心地选择一种你最想过的生活，其实无须别人懂你，你自己就会感到愉快和轻松。

有没有人懂你，是不是真的懂你，懂你到什么地步、什么程度、什么境界，其实真的不重要。重要的是你要懂自己内心最想要什么，并无怨无悔地为之默默努力。

可以爱得忘我，却不能失去真我

01

林子姐今年都三十五岁了，可连个对象也没有，自从跟前任分手后，她就再也没心思谈恋爱了。

她的前任是一个大学老师，教美术，经常带着一群女学生郊游写生，有时候还出国学习。

没分手之前，周围的人都提醒林子姐看紧男朋友，说他身边那么多青春貌美的女大学生，难免会动歪心思。不过，林子姐是个大大咧咧的女人，根本就没考虑到那儿去，她只是随口安慰旁人："你们真的是想多了。"

可没过多久，事实证明是林子姐想得太少了。那年毕业季，有个女生给她打来了电话，让她放弃这段感情。她还得知，男朋友已经跟这个女生约定好，等女生一毕业，他们就结婚。

林子姐真是哭笑不得，那个跟自己青梅竹马，跟自己度过高中毕业季、大学毕业季的男朋友，居然在她毫无防备的情况下，劈腿了。

她怎么也想不通，自己究竟错在哪里。她跑到男朋友家，想问个明白，可是男朋友闭门不出，根本就不理她。林子姐不死心，疯狂地敲了一个月门，最后在小区保安和业委会阿姨的劝导下，终于安静了下来，从此再也不去了。

林子姐说，那段时间她几乎到了崩溃的边缘，她早早地就把结婚用的东西准备好了，就连氢气球、拉花、彩蛋都提前买好放在柜子里，如今，一切都成了空。

由于一直走不出这个阴影，林子姐依然执着地去找男朋友，要么是在了他下班回家的路上，要么是在他常去写生的地方。

后来，林子姐无论如何努力，也难以挽留这份感情，终于累了、倦了。她给男朋友发了一条信息：没事儿了，你走吧，我再也不会打扰你。

有时候，当你爱一个人爱到不能自已，爱到了失去自我时，你就彻底地在一段感情里失去了话语权和主动权。如果他要离开，请别哭着去求他，你应该告诉他："没事儿，你走吧。"

因为你舍不得，因为你重情义，你没办法做到云淡风轻，潇洒自如。可是亲爱的，既然你在一场恋爱里已经输了，又何必把自己那碎了一地的心留给伤害你的人看？

02

朋友Z说，看了很多女性励志文章，关于坚强，关于独立……虽然道理都懂，但当事情落在自己头上时，未必会毫无留恋地跟他说一句："没事儿，你走吧。"

女生常常口是心非，如果她说没事儿，那就是有事；如果她说你走吧，就是希望你能留下。可这些口是心非也要说给懂你的人听呀，有一句话说得很好，你永远也叫不醒一个装睡的人，就如你说了没事儿，他即便知道你有事儿也会说："好吧，那我走了。"

Z读书时每天都跟男朋友打电话，不聊够三个小时她就睡不着。每次两人闹别扭，她就会跟男朋友说："你走吧，我一个人去看电影，一个人去逛街，一个人去散步。"而男朋友每次都会包容她的撒娇和任性，并没觉得她这是胡闹，而是可爱。

后来，她的男朋友跟舞蹈系的一个女生传出绯闻。

有一次，Z跟男朋友只是闹了一点小别扭，Z习惯性地说："没事儿，那你走吧。"这次她本以为男朋友会像以前那样，呆呆地站在原地不动，死赖着不走，因为她心底就是喜欢他这样赖着。结果，他的男朋友真的一去不回了。

虽然从客观上分析，朋友Z有错，不能将分手常挂嘴边，可是你看那些吵了一辈子架的夫妻，并没有因为一时意气用事而真正离开对方。

原本他就不够爱你，或者只是曾经很爱你，所以他听得懂你所谓的“没事儿，你走吧”。当他移情别恋，不再对你死心塌地时，即便你说“我们要一辈子在一起”，他还是会走的。

当女生说“没事儿，你走吧”时，通常只有两种情况，第一种是希望你留下，第二种就是彻底死了心。

如何甄别这两种情况，其实无须多言，爱你的人自然会懂，不用你解释，不用你反复暗示，他就是知道你心里是怎么想的。这完全取决于他是否真心实意地爱你。

03

有男性朋友说，你们女生真是麻烦，想要什么，想吃什么，想买什么，常常口是心非，根本就捉摸不透，我们都是直肠子的理工男，怎么能弄懂那么多弯弯绕绕的小心思。

诚然，有些人会不懂，但是你也别忘了，理工男追喜欢的女生时，明明女生说“今晚不联系了”，他还是会故意路过她家门口。当女生说“我没事儿，我不怕”时，他还是会固执地送她回家。当她说“我一个人可以的”时，他还是会帮她把重重的行李箱送上车。

我可以用我所有的运气和力气来好好爱你，可是唯有一样东西不能丢失，那就是我自己。若你离开，我依然会送你一句云淡风轻的“没事儿，你走吧”。

这句话是说给你听的，同时，也用来勉励我自己。

若不能彼此成就，彼此成全也好

01

我的一位朋友，她与前任分手后疯狂地爱上了旅行，甚至穷游也愿意。她独自一人去过很多地方，西藏、亚丁、呼伦贝尔大草原……但唯有一座城市让她久久不忘，那就是丽江。

那年她依旧一个人，只身到了这座适合邂逅和恋爱的城市。到了当地，她无意中加了一个“同城搭伴玩”的微信群，认识了一个同样热爱旅行的男子。

他说：“你在哪里，我来找你。”她以为他是说着玩儿的，结果他真的来了。他比她大几岁，但是早早地就步入社会做生意了，也算是经历过大起大落的人。

那几天，他们一起在这座城市寻找着诗和远方，他们一起去苍山洱海，泛小舟，吹清风；一起去茶马古道，骑骑马，唱唱歌；一起在夜色正浓的古城墙边，散步、聊天、听音乐。他爱摄影，他给她拍了很多文艺的照片，还给她讲他的人生。

她告诉我，也许你并不知道，原来所谓的缘分，真的会在那么一瞬间，让你有种相见恨晚的感觉。

后来，他们恋爱了，她常常一有空就飞到丽江去找他。再后来，她告诉我，一切都结束了，她现在正在丽江的机场，她将在丽江发生的一切通通留在丽江，全当作一个美好的回忆。

原来，两个人都到了嫁娶的年龄，但是那年股市低迷，男孩的生意不好做，股票也亏空了不少，他害怕不能给她想要的生活。

她说她不怕跟他一起吃苦，但他又跟她说了最现实的问题——“如果我们在一起，你就必须跟着我一起到丽江，可是我知道你放不下你的事业，你还有很多值得追求的梦想，我不能就此将你困住。目前的我，不能成就你，但至少我想成全你。”

刚开始，她以为是他不够爱她，所以才找了这些理由。可后来，她渐渐明白，原来爱一个人，不一定非要把她放在手心，如果给不了她想要的，就让她飞到更远的地方，而不是将她困在狭小的鸟笼里。

他放她走，不是不爱，而是因为太爱，爱得即使自己的心在滴血，也要成全她，让她成为那个更好的自己。

后来她又恋爱了，他依旧单身一人。她的事业也顺风顺水，前途一片光明，而他，还在遥远的丽江，寻找着下一个突破口。

其实，这个世界上每个人都有自私的一面，但是真正成熟的爱，则是如果给不了对方未来，不如选择放手，让对方飞得更高更远。

我不一定非要成就你，更多时候，反而是我知道我无能为力时，即便再有不舍，我依旧想要成全你。

02

两个太爱自己的人，在一起是无法长久相处的。

朋友阿明由于工作表现出色被领导提拔，但必须离开成都，到二级地市担任项目主任。

没想到，女朋友不愿意了，哭着求阿明向领导请示，看能不能不去，宁愿阿明不被提拔，也不希望阿明离开她。

可是她不知道，一个男孩子，即便不能志在四方，也要有自己的理想和事业。她明知道阿明很想做出一番成绩，可就是为了一己私利，想要死死地留住阿明。

阿明很无奈，也很痛苦，但是他也舍不得让女朋友一个人留在这座无亲无故的城市。最后，他还是向领导表明了心意，可领导说，这是经过公司决议后做出的严肃决定，如果他不去就职，就会被辞退。

我问阿明，为什么不能让女朋友跟他一起去项目所在地，如果女朋友不愿意，也可以让女朋友待在成都，然后他每周都回来，反正现在交通这么发达，想要回来很容易。

可是阿明很无奈，女朋友死活都不同意，她就想把他留在她喜欢的城市，她不会退步，除非分手。

爱即便不能做到彼此成就，也可以做到彼此成全，至少你要有些许牺牲精神，世上哪有刚刚好的人，在你刚刚好的年纪，给你刚刚好的爱情？

如果觉得相处困苦，如果觉得不能好聚，那就好聚好散吧。在一段感情里，彼此委屈，彼此无法成长，彼此止步不前，并不是真正成熟的爱情。更多时候，我们所谓的爱，是狭义的爱，我们真正爱的只是自己，而不是对方。

如果我们设身处地地去为对方想一想，即便你还没有能力去成就他，也会找到机会成全他。拖住一个人，并不是爱他的表现，彼此不退步，彼此僵持，又有什么意义呢？

03

玲姐是我的一个远房亲戚，到了三十岁才遇到自己的初恋。

两人是在一次骑行车队里认识的，玲姐的车子坏了，他出于好心帮她修理。

后来，认识不到两个月，他们就闪婚了，爱得死去活来。可是，他们在婚后的相处中才发现，彼此在性格和思维上的差异还是相当大的。玲姐工作能力非常强，准备跟朋友开一家装修公司，她的生活永远充满刺激和冒险，可她老公却是一个喜欢安静、喜欢稳定生活的人。

他们在很长一段时间内，试着去磨合彼此的棱角，试着做对方想做的事。然而，她老公始终赶不上玲姐的脚步，什么忙也帮不上，有时还会给玲姐添麻烦。

也许这就是所谓的精神不在一个轨道了，玲姐想要表达的意思，她老公并不是很理解，同样，她老公做的事，玲姐也不感兴趣。后来，两人都很无奈，无论彼此如何妥协和将就，也不能过上各自喜欢的生活。

今年年初，他们去民政局办理了离婚手续。

离婚是玲姐老公提出来的，他说："我不能让你过上想要的生活，那就成全你过上你想要的生活吧，但记住，困难时，还有我在，我们依然是朋友、是亲人。"

有人说，婚姻其实就是两个人彼此包容，彼此理解，能不放手，就不要轻易放开。

可当我们的生活轨迹完全不在一个轨道时，无论你如何包容，也不过是名不副实，自欺欺人，彼此折磨。能不放手，我们谁都不愿意放，可如果你在那只手里感受不到温暖，也是毫无意义和价值的。有些人的感情只剩下折磨和无味，大抵也是因为不愿彼此成全吧。

就像刘若英那首歌里唱的："所有的悲伤丢在分手那天，未必永远才算爱得完全。"

若不能彼此成就，那就彼此成全吧，成全一个人，有时候恰恰是成就一个人。

苦苦挽留，不如漂亮地转身离开

01

某天深夜，我正准备入睡时，突然有个女读者发来信息：

“他以为他是谁？我至于沦落到这种地步吗？虽说我不是天生丽质，但也不乏追求者。太不可思议了，曾经是我让别人屈尊于我，没想到这次竟然轮到了自己。

跟他交往的两个月时间里，我几乎没有喘息的空间。我放下所有的尊严和习惯屈尊于他，他说的每一句话，我都立马要执行，哪怕是一句玩笑话，我也会认真对待。”

跟这位女读者聊了一会儿，我大概猜出了她不开心的缘由。我告诉了她我的拙见：你对他一见倾心，可是他其实不爱你。他说过你们不适合结婚，仅此一条就说明了一切。

这世界上哪有什么适合与不适合？如果两个人的感情足够

坚定，再多的不适合都可以被爱融化为适合，况且都没试过在一起就告诉你说不适合的人，真的爱你吗？

后来她告诉我，想趁着年假休息一下，暂且控制自己不联系他，也不用爱得那么卑微。

其实我知道，她一时半会儿是放不下他的，因为那一句“他以为他是谁”就暴露了她所有的心思。

他以为他是谁？他以为他很了不起？他以为他真的很厉害？当你在一段感情里这样问自己时，无论你们是正恋爱还是已分手，你都没有彻底放下他，不管你说得有多绝情、多严肃、多愤慨，他在你心里都是不可割舍的。

02

这让我想起了另外一个姑娘，这个姑娘也很优秀，是属于那种从小到大不缺人追的女孩。她跟异性相处的时候从来都是占尽上风，而且还是那种爱搭理不搭理的作派。

但身边的男孩从来不会因为她如此任性而对她减少半分爱意，为什么？因为喜欢啊。当你喜欢一个人的时候，就会发现，你可以容忍她好多好多的坏脾气，而且她还在迫使你不断扩展你的容忍极限。而她就是那个喜欢挑战你的极限，却让你欲罢不能的人。人的一生中，总会出现这样一个人。

然而，终于有一天，缘分也让她尝试了一下什么叫想得而不可得的滋味，也让她经历了一次当着众人的面跟自己喜欢的人打招呼，对方却装作没听见的尴尬场面。

她居然喜欢上了一个经常上学校黑名单，经常被校长点名，还经常被老师罚站的问题男孩。

当知道并从心里承认了自己这一拙劣的想法后，她恨不得把自己打得鼻青脸肿，但打了又能怎样，喜欢了就是喜欢了。

有时候喜欢一个人，你拿再多的硬性指标去对比也毫无意义，因为喜欢一个人的感觉就是这么奇怪。虽然你知道强扭的瓜不甜，但是你就是喜欢这个瓜啊。

后来有人揭穿了她，她装作大笑不止，笑声听起来都有些别扭——“是吗？我喜欢他？他以为他是谁？我会喜欢他？”

也许他真算不上什么大人物，他甚至就是一个痞子，不正经、不浪漫，一无所有，甚至根本就配不上你。

但无论你再重复这句话，他都已经住进了你心里。对于你，他就是个大人物，就是你心里不可割舍的人。

03

相比嘴巴比较硬、心里不服输的姑娘，那种敢爱敢恨的姑娘，在恋爱时也许就不会那么痛苦。

朋友F就是这样一个姑娘，从小生活优渥，性格开朗，大多数男孩子都比较喜欢她。而她却喜欢上了同在一座大楼办公的一个普通男孩。

男孩属于那种腼腆、不爱说话，做什么事都考虑得很周到、很细的人。与那类落落大方、乐观自信的人比起来，他在性格上明显要逊色很多。

可是自从朋友F感觉到自己喜欢上男孩以后，就大胆承认了她这段单相思恋情。从开始喜欢他到倒追他，再到他主动提出分手，她并没有怪自己，也没强迫自己去想为什么就偏偏喜欢上了他，或者去想值不值得？

她不会像其他女孩子那样，明明喜欢却偏要不喜欢，明明在乎却装作不在乎，明明他在你心里就是“那个谁”，却非要放狠话说“他以为他是谁”。

04

张爱玲曾说：“女人一旦爱上一个男人，如赐予女人的一杯毒酒，心甘情愿的以一种最美的姿势一饮而尽，一切的心都交了出去，生死度外！”

当有一天，分手后的你不再莫名地想起他，不再按照他的容貌和体型去依葫芦画瓢地找相亲对象，不再因为听说他有了女朋友而伤心很久，不再去想他，也不用时刻提醒和责怪自己“他以为他是谁”的时候，你才算是真正放下了。

大多数姑娘谈恋爱时，都会不服输地问自己“他以为他是谁”？然后列举一大堆他什么都不是的理由，可是即便你说得再多，你说服得了别人却说服不了自己，就像你虽然懂很多道理，却依旧过不好这一生是一样的。

爱就爱，不爱就是不爱，爱时，要爱得坦然，爱得心安，爱得无怨无悔；不爱时，互相说再见，然后各自安好，各自晴天。

林徽因也曾说：“感情有时候只是一个人的事情，和任何人无关。爱或者不爱，只能自行了断。”在注定的因缘际遇里，我们真的是别无他法。

姑娘，当你不再问自己也不再问别人“他以为他是谁”的时候，他才真的不是“谁”。

NO.6

那个逼你心甘情愿付出的人，才不是你要嫁的人

01

娟儿跟男友是大学同学，毕业后，男友回到县城获得了一份体制内的稳定工作，而娟儿就留在成都继续追求她想要的工作和生活。两个人虽然是异地恋，但感情一直很好。每次跟娟儿一起吃午饭，我都会听到她男友很贴心地给她打电话，从来不间断。

最近一段时间跟娟儿一起吃午饭时，我总感觉少了点儿什么。后来才想起来，她的手机铃声怎么没在固定的时间响起呢？于是我问娟儿：“你们最近怎么样，他怎么不给你打电话了呀？”

娟儿很平静地告诉我，他们分手了。

原来，有一次男友趁双休日千里迢迢地赶来成都看娟儿，

但到了晚上他提了一个“要求”。娟儿死活不同意，还狠狠地骂了他，当时她非常生气，恨不得马上一脚把他踹到五千米以外。

娟儿说，这件事，男友跟她提了很多次，但两人最后协商一定要等婚嫁当日才能行礼，可没想到还没到婚期，男朋友就反悔了。

诗人叶芝曾说：“多少人爱你青春欢畅的时辰，爱慕你的美丽、假意或真心，只有一个人爱你那朝圣者的灵魂……”

如果真心爱一个人，大概不会看到她委曲求全和曲意附和吧。

从前很慢，一生只够爱一个人；从前很慢，一辈子就只够等一个人，而如今真快，快到你来不及跟他有更进一步的灵魂交流，就直接到身体交流了。

02

娟儿是个非常懂得自己想要什么的人，宁愿选择分手，也绝不触碰内心的底线，而我的另一个朋友欣就不一样了。

我是在客车上认识欣的，她很愿意跟我聊她自己的事，可很多时候我并不愿意听，因为她的生活观和价值观跟我相差太大。

刚认识她的时候，她完全像是个刚从校园出来的毕业生，你一眼就能从她脸上的红晕看出来，她是个天真可爱的姑娘。彼此熟悉之后，我得知她妈妈很着急她的恋爱问题，于是就给她介绍了一个男孩。

男孩是个凤凰男，在某局就职。由于家在外地，在成都人生地不熟，男孩就住进了欣的家里，两人开始了同居生活。

过了几个月，他们不得不张罗结婚的事，因为欣肚子里的宝宝都快四个月了。可没想到，男孩的父母怎么也不同意这门婚事，他们觉得欣工作一般，根本就配不上他们的儿子。

后来男方去婚纱店把婚纱照撕碎了，欣则悄悄离开了……

去年冬天欣来找我，那天下着雨，刺骨的寒风吹得人直哆嗦。当我看到欣的那一刻，忍不住泪如雨下，她面黄肌瘦，憔悴得不成人样，谁也看不出她还是一个二十几岁的姑娘。

我问欣想吃什么，她说："就随便吃一碗清汤面吧。"我说："这怎么行，要吃好点，你身体本来就虚弱。"她很尴尬地对我说："产妇不能吃重口味的食物……"

现实生活中，总有一些女孩认为，只要将生米煮成熟饭，跟她在一起的那个人就会娶她。可是，即便那个人娶了她又能怎么样呢，如果那个人不爱她，她在一场感情里顶多只能得到一纸婚书。

如果一个人爱你，他不会逼你做你不愿意做的事，他会耐心地等你，因为他有足够的底气，相信自己一定会得到你的心甘情愿，不必急于一时。

03

加西亚·马尔克斯在《霍乱时期的爱情》里说道："诚实

的生活方式其实是按照自己的身体意愿行事，饿的时候才吃饭，爱的时候不必撒谎，睡觉的时候也不用为了逃避可耻的爱情程式而装睡，自己终于成了整张床的主人，它的全部都归自己独享。”

当你不甘愿地付出了自己，就会发现，其实这样的爱情真的没有任何意义。一方面，它违背了你的底线，另一方面你真的能确定那个人值得你托付终身？他就是你想要携手一生的人吗？

不要为了任何事情而去将就，尤其在一个你不心甘情愿付出的人面前，因为这换来的只会是他对你的蔑视和看不起。没有哪个男孩子会真心喜欢一个随随便便的女孩子。

有人说，灵魂之爱在腰部以上，肉体之爱在腰部以下。但我想，如果两个人真的深爱彼此的话，等等彼此，等等爱情，不是更好吗？

那个逼你心甘情愿付出的人，才不是你要嫁的人，因为你要嫁的人完全不需要逼你。你要乖乖地等待时机，在正确的时间去遇见最美的相遇。

真爱绝对不会/让人有强迫之感，当你们真的爱了，其他事也会是顺其自然。